PERJALANAN CULINARI AFRO-CARIBBEAN

Temui Seni Gabungan dalam 100 Hidangan Lazat

HONG GUK HOU

Bahan Hak Cipta ©2023

Hak cipta terpelihara

Tiada bahagian buku ini boleh digunakan atau dihantar dalam apa jua bentuk atau dengan apa cara sekalipun tanpa kebenaran bertulis yang sewajarnya daripada penerbit dan pemilik hak cipta, kecuali petikan ringkas yang digunakan dalam semakan. Buku ini tidak boleh dianggap sebagai pengganti nasihat perubatan, undang-undang atau profesional lain.

ISI KANDUNGAN

- ISI KANDUNGAN 3
- PENGENALAN 6
- PERMULA DAN SNEK 7
  - 1. Udang Kelapa Perap 8
  - 2. Kepak ayam jerk homestyle 10
  - 3. Jagung Bakar dengan Mentega Shadon Beni 12
  - 4. Sandwich Cuba Dengan Babi Caribbean 14
  - 5. Burger Daging Caribbean dengan Salsa Mangga 16
  - 6. Sandwic cuban panggang 18
  - 7. Bola Tamarind 20
  - 8. Caribbean Pemanggang Swiss 22
- SUP, REBUS DAN CILI 24
  - 9. Ackee Dan Ikan Masin 25
  - 10. Sup ikan Bahamas 27
  - 11. Daging Lembu, Sayur-sayuran dan Sup Nasi 29
  - 12. Sup Habbatus Sauda 32
  - 13. Sup Bouillon 34
  - 14. Ikan Rebus Coklat 37
  - 15. Sup Callaloo 40
  - 16. Chapea 42
  - 17. Sup Kaki Ayam 44
  - 18. Sup ayam 46
  - 19. Souse Ayam 48
  - 20. Chicken dengan kacang hitam 50
  - 21. Sup Avocado Caribbean 52
  - 22. Rebus ayam Caribbean 54
  - 23. Sup ayam-sayur Caribbean 56
  - 24. Cowder Kerang Santan 58
  - 25. Sup Udang Kelapa 60
  - 26. Sup Keong 62
  - 27. Sup Jagung 64
  - 28. Sup Tumit Lembu dalam Periuk Perlahan 67
  - 29. Cuban Caldo gallego sup 69
  - 30. Curry Chana Stew Dari Trinidad 71
  - 31. E sup kari tembikai 73
  - 32. Sup Teh Ikan 75
  - 33. Air Mannish Sup Kambing 77
  - 34. Sup Kacang Gungo 79
  - 35. Sup Daging Lembu Jamaica 81

- 36. Sup Kambing Jamaica ... 83
- 37. Sup udang Jamaica ... 86
- 38. Sup Leek ... 88
- 39. Sup lentil ... 90
- 40. Sup Lobster dengan Goreng Pedas ... 92
- 41. Rundown Tenggiri ... 94
- 42. Mojo De Ajo ... 96
- 43. Minyak turun Stew ... 98
- 44. Rebus Ekor Lembu ... 100
- 45. Papaya-sup oren ... 102
- 46. Sup Periuk Udang Berlada ... 104
- 47. Pepperpot Stew Dari Guyana ... 106
- 48. Sup Pigeon Peas dengan Ladu ... 109
- 49. Stew daging lembu Puerto Rico ... 112
- 50. Sup Daging Labu ... 114
- 51. Sup Labu ... 117
- 52. Rabbit dan rebusan kacang tanah ... 119
- 53. Red sup kacang ... 121
- 54. Sup Kacang Merah ... 123
- 55. Sup Lada Panggang & Timun ... 125
- 56. Sudang dan sup labu ... 127
- 57. Slow Cooker rebusan trout ... 129
- 58. Soup Joumou dalam Stockpot ... 131
- 59. Souse ... 134
- 60. Sup Kacang Belah ... 136
- 61. Sup Skuasy ... 138
- 62. Skuah dan rebusan kentang ... 141
- 63. Calaloo rebus ... 143
- 64. Kacang Rebus Dengan Santan ... 145
- 65. Rebus ikan masin ... 147
- 66. Sup Nasi Choka Tomato ... 149
- 67. Sup Lentil tomato ... 151
- 68. Kuning Yam sup ... 153

HIDANGAN UTAMA ... 155

- 69. Sotong panggang ... 156
- 70. Ayam Jeruk ... 158
- 71. Tequila Lime Seafood Pinchos ... 160
- 72. Pinchos Udang Bawang Putih Sepanyol ... 162
- 73. Steak Berempah Rum dengan Rasa Nanas ... 164
- 74. Dada ayam Oren Bakar ... 166
- 75. Ikan todak jerk bakar ... 168
- 76. Jeruk perut babi ... 170
- 77. Isi Tenggiri Bakar ... 173
- 78. Ikan Kakap Merah Bakar Caribbean ... 175
- 79. Citrus Caribbean BBQ Babi Rusuk ... 177
- 80. Mangalitsa Ham dengan Jerk Pineapple Glaze ... 179

- 81. BBQ Lionfish dengan Oren dan Almond Slaw 181
- 82. Brisket Jerk Jamaica 183
- 83. Ikan Singa Bakar Daun Pisang 186
- 84. Kelapa Spareribs 189
- 85. Udang Bakar Atas Tebu 191
- 86. Babi Bakar Caribbean dengan Salsa Tropika 193
- 87. BBQ escolar dengan keledek 195
- 88. Jamaican jerked bbq ribs 198
- 89. Tuna bakar pedas, gaya Cuban 200

SISI DAN SALADS 202
- 90. Manggo chow 203
- 91. Salad Bakar Cili 205
- 92. Pisang Bakar 208
- 93. Mofongo Puerto Rico 210

PENJERAHAN 212
- 94. Nanas Bakar dan Rum 213
- 95. Mango Mousse 215
- 96. Aiskrim Soursop Mentah 217
- 97. Kek rum Jamaica 219

MINUMAN 222
- 98. Ti Punch 223
- 99. Minuman Jamaican Sea Moss 225
- 100. Sorrel 227

KESIMPULAN 229

PENGENALAN

Melangkah ke dunia di mana intipati budaya Afro-Caribbean terserlah di lelangit, dan rona tradisi serta inovasi yang memeriahkan karya kulinari. Perjalanan culinari afro-caribbean bukan sekadar buku masakan; ia adalah jemputan terbuka untuk memulakan pengembaraan beraroma yang merentasi sempadan, menjemput anda untuk menikmati permaidani yang kaya dengan masakan Afro-Caribbean. Dalam halaman ini, kami meraikan lebih daripada kemewahan hidangan; kami meraikan seni gabungan—penggabungan perisa, teknik dan naratif yang lancar yang membangkitkan semangat warisan masakan yang pelbagai dan dinamik ini.

Bayangkan diri anda menyelak halaman ini, setiap satu portal ke dapur Caribbean yang sibuk. Tutup mata anda, dan biarkan rempah-rempah aromatik, warna-warna cerah dan pelbagai pengaruh membawa anda ke tempat di mana kreativiti masakan tidak mengenal batas. Perjalanan culinari afro-caribbean adalah lebih daripada ringkasan resipi; ia adalah perayaan daya tahan, kreativiti dan kekayaan budaya yang mentakrifkan komuniti Afro-Caribbean.

Setiap resipi dalam koleksi ini adalah sapuan berus, menyumbang kepada kanvas perjalanan kulinari yang meriah. Tarian antara warisan dan inovasi, tradisi dan kemodenan, dianyam dengan rumit ke dalam fabrik setiap hidangan. Sambil anda meneroka, anda akan menemui kisah yang diceritakan oleh bahan-bahan, kisah-kisah yang membisikkan teknik, dan sejarah bersemangat yang disampaikan oleh rasa.

Jadi, anggap ini sebagai jemputan—seruan untuk menyertai kami dalam penerokaan keajaiban masakan Afro-Caribbean. Setiap hidangan adalah hasil seni, direka dengan teliti untuk membawa anda ke tengah-tengah perjalanan culinari afro-caribbean. Semasa anda memulakan pengembaraan masakan ini, biarkan setiap gigitan menjadi satu langkah ke dunia yang pelbagai dan menawan di mana semangat budaya Afro-Caribbean terkandung dengan indah dalam sambutan makanan. Biarkan perjalanan itu berlangsung, dan semoga setiap resipi menjadi bab yang menarik dalam penerokaan perjalanan culinari afro-caribbean anda sendiri. Biarkan dunia yang bersemangat dan beraroma dalam halaman ini menjadi panduan anda, dan biarkan perjalanan ke keajaiban masakan Afro-Caribbean bermula.

PERMULA DAN SNEK

1. Udang Kelapa Perap

BAHAN-BAHAN:
- 1 sudu besar kepingan lada merah
- 1 biji limau nipis dan dijus
- 1 sudu besar ketumbar
- 1 sudu besar pudina
- 1/4 cawan minyak zaitun
- 1/4 cawan kicap
- 1/3 cawan kelapa parut

ARAHAN:
a) Perap udang anda yang telah dikupas dan dibuang selama 2-3 jam.
b) Lidi dan kemudian barbeku.

2.Kepak ayam jerk homestyle

Membuat 16 sayap

BAHAN-BAHAN:
- 4 sudu teh perasa serba guna
- 2 sudu teh halia kisar
- 6 sudu besar cuka sari
- 1 biji cili bonet Scotch, dicincang sangat halus
- 2 sudu teh buah pala parut halus
- 2 sudu besar minyak zaitun
- 16 kepak ayam
- limau nipis, untuk dihidangkan

ARAHAN:

a) Campurkan semua bahan kecuali ayam dalam hidangan cetek kemudian masukkan sayap, putarkannya hingga benar-benar bersalut. Tutup dan perap di dalam peti sejuk, idealnya semalaman, atau sekurang-kurangnya sejam.

b) Nyalakan barbeku kira-kira 30 minit sebelum anda ingin makan, supaya api padam, arang batu mempunyai salutan abu kelabu dan menghasilkan haba yang tetap.

c) Barbeku sayap ayam selama kira-kira 10–15 minit, terbalikkan apabila ia ditampal dengan coklat. Periksa ia benar-benar masak dengan hujung pisau - tidak sepatutnya ada daging merah jambu dan jus akan menjadi jelas. Hidangkan bersama hirisan limau nipis untuk diperah.

3. Jagung Bakar dengan Mentega Shadon Beni

Membuat: 8 hidangan

BAHAN-BAHAN:
- 8 biji jagung
- 8 sudu besar mentega masin, pada suhu bilik
- 3 sudu besar kulantro atau ketumbar segar yang dicincang halus
- 2 daun bawang, bahagian putih dan hijau, dipotong dan dikisar
- 1 ulas bawang putih, dikisar
- Lada hitam yang baru dikisar

ARAHAN:
a) Sikat jagung dan ketepikan sementara anda menyediakan mentega shadon beni.
b) Letakkan mentega, culantro, daun bawang, dan bawang putih dalam pemproses makanan dan proses sehingga licin. Perasakan mentega dengan lada secukup rasa dan pindahkan ke dalam mangkuk. Sebagai alternatif, jika herba dan bawang putih dicincang sangat halus, anda boleh kacau terus ke dalam mentega dalam mangkuk.
c) Sediakan pemanggang untuk memanggang terus dan panaskan terlebih dahulu.
d) Apabila sedia untuk memasak, sapu dan minyak parut gril. Susun jagung di atas parut panas dan panggang, putar dengan penyepit, sehingga perang elok seluruhnya, 8 hingga 12 minit. Semasa jagung masak, sapu sekali-sekala dengan mentega shadon beni.
e) Keluarkan jagung dari panggangan dan sapu sekali lagi dengan mentega shadon beni. Hidangkan sekali gus.

4.Sandwich Cuba Dengan Babi Caribbean

BAHAN-BAHAN:
- 1 pakej Caribbean Jerk Marinade Mix
- 1/2 cawan jus oren
- 1 1/2 lb daging babi tenderloin
- 6 gulung kaiser lembut
- 1/4 cawan sawi kuning yang disediakan
- 8 oz ham dihiris
- 8 oz keju Swiss yang dihiris
- Hirisan jeruk Dill

ARAHAN:
a) Satukan campuran perapan dan jus oren dalam beg yang boleh ditutup semula. Masukkan daging babi, bertukar kepada kot. Perap dalam peti ais selama 30 minit.
b) Keluarkan daging babi dari perapan; buang perapan. Bakar daging babi di atas api sederhana terus selama kira-kira 20 hingga 25 minit, pusing sekali-sekala, sehingga suhu dalaman sekurang-kurangnya 150°F.
c) Keluarkan ke papan pemotong dan biarkan berehat sekurang-kurangnya 10 minit. Potong menjadi kepingan nipis.
d) Untuk memasang sandwic Cuba, sapukan mustard pada separuh bahagian bawah setiap gulungan kaiser. Teratas dengan ham, daging babi yang dihiris, hirisan acar dill, keju Swiss dan separuh bahagian atas roti.
e) Masak dalam pembuat panini atau dalam kuali nonstick di atas api sederhana tinggi selama 3 hingga 4 minit, hanya sehingga keju cair.

5.Burger Daging Caribbean dengan Salsa Mangga

Membuat: 4 HIDANGAN

BAHAN-BAHAN:
- 1-1/2 paun Daging Lembu Kisar
- 2 sudu besar perencah jerk Caribbean

MANGO SALSA:
- 1 mangga besar, dikupas, dicincang kasar
- 1 sudu besar cilantro segar yang dicincang
- 1 sudu besar bawang hijau dicincang
- 1 sudu besar lada jalapeño yang dicincang halus
- 1 sudu besar jus limau nipis segar

ARAHAN:
a) Satukan Daging Lembu Kisar dan perasa jerk dalam mangkuk besar, gaul perlahan tetapi sebati. Bentukkan menjadi empat patties tebal 3/4 inci.
b) Letakkan patties pada grid di atas arang sederhana yang ditutupi abu.
c) Grill, bertutup, 11 hingga 15 minit, sehingga termometer baca segera dimasukkan secara mendatar ke dalam daftar tengah 160°F, berputar sekali-sekala. Perasakan dengan garam, mengikut keinginan.
d) Petua Tukang Masak: Masa memasak adalah untuk daging lembu kisar yang segar atau dicairkan sepenuhnya. Daging lembu yang dikisar hendaklah dimasak pada suhu dalaman 160°F.
e) Sementara itu, satukan bahan salsa dalam mangkuk sederhana, gaul rata. Hidangkan burger dengan salsa.

6.Sandwic cuban panggang

Membuat: 4 Hidangan

BAHAN-BAHAN:
- 4 gulung sandwic
- 8 keping daging babi
- 8 keping ham
- Dill
- 8 keping keju Swiss
- Dijon mustard secukup rasa

ARAHAN:
a) Sediakan api kayu atau arang dan biarkan ia terbakar sehingga menjadi bara api. Lapiskan setiap sandwic dengan keju, ham, daging babi dan jeruk.
b) Bakar sandwic, bahagian atas ke bawah selama 1 minit, terbalikkan dan letakkan kuali tumis di atas dan teruskan masak sehingga keju cair kira-kira 3 hingga 4 minit.

7. Bola Tamarind

BAHAN-BAHAN:
- 1-1/2 paun. gula, kira-kira
- 1 lb pulpa asam jawa, dibersihkan
- 3 sudu besar. tepung (pilihan)
- lada secukup rasa
- garam secukup rasa

ARAHAN:

a) Letakkan kira-kira 1 lb. pulpa asam jawa yang telah dibersihkan dalam mangkuk besar. Masukkan garam dan lada sulah secukup rasa dan kira-kira tiga sudu gula.

b) Uli bahan sambil mengasingkan biji. Renjiskan sedikit air ke atas asam jawa (sangat sedikit) untuk membasahkan sedikit.

c) Mengikut tahap masam asam jawa, lebih banyak gula mungkin perlu digunakan. Biar rasa menjadi panduan anda.

d) Masukkan garam untuk menyesuaikan rasa. Ambil asam jawa secukupnya dan gulung di antara tangan anda untuk membuat bola kira-kira 2 inci diameter.

e) Dalam pinggan atau mangkuk yang berasingan tuangkan sedikit gula dan gulungkan bebola asam jawa di dalamnya.

f) Simpan di dalam peti sejuk atau di kawasan sejuk.

8.Caribbean Pemanggang Swiss

BAHAN-BAHAN:
MANGO SALSA
- 1/2 biji mangga, 1/4 inci dipotong dadu
- 1/4 biji bawang merah, 1/4 inci dipotong dadu
- 1/4 lada benggala merah, 1/4 inci dipotong dadu
- 1 sudu besar jus limau nipis segar
- Secubit gula
- 1/2 sudu teh garam halal
- Lada hitam yang baru dikisar
- Dalam mangkuk, campurkan mangga, bawang merah, lada benggala, air limau nipis, gula, garam, dan lada sulah menggunakan kayu sudu. Ketepikan sehingga sedia untuk digunakan.

SANDWIC
- 3 sudu besar mentega, pada suhu bilik
- 1 sudu besar Perasa Oren Habanero
- 8 keping roti Itali segar
- 1/4 cawan mustard madu
- 8 auns keju Swiss, dihiris

ARAHAN:
a) Dalam mangkuk kecil, campurkan mentega dan Perasa Habanero Oren Manis bersama-sama.
b) Sapukan adunan mentega pada 1 sisi setiap keping roti.
c) Letakkan 4 keping roti di atas permukaan kerja anda, bahagian bawah yang disapu mentega dan sapukan mustard madu di sebelah menghadap ke atas. Lapiskan kira-kira 2 sudu besar salsa mangga di atas mustard madu diikuti dengan keju Swiss.
d) Letakkan baki 4 keping roti di atas, bahagian atas mentega.

MEMANGGANG SANDWICH
a) Masukkan baki adunan mentega ke dalam kuali nonstick pada api sederhana selama 2 minit.
b) Masukkan sandwic ke dalam kuali dan tutup dengan penutup untuk memastikan masak sekata.
c) Balikkan sandwic apabila bahagian bawahnya berwarna keemasan dan tekan dengan sangat kuat, masak selama 2 hingga 3 minit, atau sehingga keju telah cair.
d) Putar sekali lagi, tekan dengan spatula, dan masak selama 30 saat.
e) Keluarkan dari kuali, potong menyerong dan hiaskan dengan lebihan mangga salsa.

SUP, REBUS DAN CILI

9. Ackee Dan Ikan Masin

Membuat: 4 Hidangan

BAHAN-BAHAN:
- 2 Ackee dalam tin
- 1 paun Ikan Masin
- 1 tangkai daun bawang Dihiris
- 2 Tabur thyme
- 1 Bawang Besar Dihiris
- 1 biji tomato Dipotong dadu
- 1 lada benggala manis
- ¼ Scotch bonet lada Biji dibuang
- ½ sudu teh lada hitam
- 2 sudu besar Minyak masak

ARAHAN:
a) Rendam ikan masin dalam air sejuk selama dua jam. longkang
b) Masukkan ikan masin ke dalam periuk dan tutup dengan air tawar.
c) Rebus selama 15 minit, dan kemudian toskan airnya. Benarkan penyejukan
d) Buang tulang ikan masin dan buang kulitnya.
e) Kelupas ikan dengan garpu.
f) Panaskan minyak dalam kuali dengan api sederhana.
g) Tumis selama 3 minit sambil masukkan bawang besar, thyme, tomato, lada manis, lada scotch bonet, dan daun bawang.
h) Teruskan memasak selama 3 minit lagi selepas menambah kepingan ikan masin.
i) Masukkan ackee dan reneh selama 10 hingga 15 minit tambahan.
j) Masukkan lada hitam, angkat dari api dan pinggan.

10.Sup ikan Bahamas

Membuat: 4 Hidangan

BAHAN-BAHAN:
- 4 cawan Air
- 1 sudu teh Garam
- 2 Kentang; dikupas separuh, dan dipotong dadu
- 1 sudu kecil Mentega
- ½ cawan lobak merah dihiris
- 4 keping Bacon
- 2 ketul Lada Tabasco segar atau jeruk
- ¼ sudu teh lada hitam dikisar
- 1 biji bawang besar, dihiris nipis
- 1½ paun filet Halibut atau siakap tanpa tulang
- ½ cawan Hiris saderi

ARAHAN:
a) Didihkan air dalam periuk besar, kemudian masukkan kentang, bawang, bacon, garam, lada sulah, dan cili kisar.
b) Masukkan saderi atau lobak merah.
c) Rebus kentang perlahan-lahan hingga empuk, kemudian masukkan salmon.
d) Perlahankan api dan biarkan hidangan mendidih sehingga ikan hampir habis.
e) Jika mahu, tambah sedikit mentega, laraskan perasa, dan hidangkan segera.

11. Daging Lembu, Sayur-sayuran dan Sup Nasi

Membuat: 10 Hidangan

BAHAN-BAHAN:
- 1 pek rusuk pendek
- 2 paun daging rebusan lembu dipotong dadu
- ⅓ cawan minyak zaitun untuk menggoreng daging
- 2 sudu besar adobo
- 1 sudu besar pes tomato
- 2 sudu besar minyak zaitun
- 1 kepala bawang putih tidak perlu dikupas
- ¼ sudu teh lada hitam
- ½ sudu teh garam
- air
- 2 kiub bouillon ayam
- ½ cawan lada sulah dihiris nipis
- ½ bawang kuning keseluruhan, dikupas
- 1 tandan ketumbar
- 1 zucchini, potong dadu
- 2 biji jagung di potong 5 bahagian
- ¼ cawan beras bijirin panjang
- 2 biji kentang dikupas dan dipotong dadu
- 1 lobak merah besar, dikupas dan dipotong dadu
- 2 batang saderi, dihiris
- 1 cawan yucca dikupas dan dipotong menjadi kepingan
- 1 biji limau nipis, dijus

ARAHAN:

a) Letakkan kepala penuh bawang putih, tanpa mengupasnya, dalam kuali lain dengan minyak zaitun di atas api sederhana tinggi sementara daging hangus.

b) Tumis selama kira-kira 5 minit, atau sehingga ia bertukar menjadi coklat keemasan. Mengetepikan.

c) Dalam periuk besar, panaskan minyak zaitun di atas api yang sederhana tinggi.

d) Masukkan daging lembu, dan goreng selama 10 hingga 15 minit.

e) Perasakan daging dengan garam dan lada sulah.

f) Masukkan air secukupnya hingga menutupi daging lembu sepenuhnya.

g) Masukkan kepala bawang putih bersama lada dan bawang besar.

h) Tutup kuali dan masak daging lembu di atas api sederhana tinggi sehingga ia lembut, kira-kira 1 jam jika anda menggunakan tulang rusuk pendek.

i) Masukkan 3 hingga 4 cawan air ke dalam periuk setelah daging lembu empuk, dan biarkan mendidih lagi.

j) Masukkan adobo, pes tomato, bouillon ayam, kentang, lobak merah, saderi, yucca, jagung, dan nasi.

k) Reneh selama 10 minit lagi.

l) Masukkan ketumbar dan jus limau nipis.

m) Masukkan zucchini dan masak sehingga ia empuk.

n) Hidangkan, dan nikmatilah!

12. Sup Habbatus Sauda

Membuat: 8 Hidangan

BAHAN-BAHAN:
- 4 ulas bawang putih, dikisar
- 8 auns kacang hitam, dicuci dan direndam semalaman
- 7 cawan stok ayam rendah natrium, atau air
- ½ cawan bir rata
- ¾ cawan rum gelap
- 2 biji bawang, potong dadu
- 2 sudu besar mentega atau marjerin
- 1 cawan saderi, dicincang halus
- 1 lada benggala hijau, dibiji dan dipotong dadu
- 1 lada benggala merah, dibiji dan dipotong dadu
- 2 cili padi, dibiji dan dikisar
- 2 lobak merah, kupas dan potong dadu
- ½ cawan tomato hancur dalam tin
- 1½ sudu besar jintan halus
- 1 sudu kecil sos merah panas
- ½ sudu besar serbuk cili
- ½ sudu teh lada hitam yang baru dikisar
- ½ sudu teh garam
- ¼ sudu teh lada cayenne
- 1 sudu besar ketumbar segar, dicincang

ARAHAN:
a) Toskan kacang hitam dan gabungkan dengan stok, bir, rum, bawang putih, dan separuh daripada bawang dalam periuk.
b) Masak, kacau sekali-sekala, selama 1½ jam dengan api perlahan.
c) Tambah sehingga 2 cawan air mendidih, dan reneh selama 15 minit.
d) Dalam pemproses makanan, tulen campuran kacang.
e) Cairkan mentega dalam kuali lain. Masukkan baki bawang, bersama dengan saderi, lada, dan lobak merah.
f) Tumis sayur-sayuran selama 5 hingga 7 minit, atau sehingga ia lembut tetapi tidak lembek.
g) Masukkan sayuran tumis, tomato hancur, campuran tulen, dan perasa ke dalam periuk.
h) Kacau sekali-sekala, biarkan mendidih dan masak selama kira-kira 15 minit.
i) Segera hidangkan dengan sebiji krim masam atau yogurt.

13. Sup Bouillon

Membuat: 6 Hidangan

BAHAN-BAHAN
- 2 paun betis lembu, dibilas dan ditepuk kering
- 4 ketam biru lembut pilihan
- 2 sudu besar jus limau nipis segar
- ½ sudu teh lada hitam tanah
- 1 sudu besar garam
- 2 sudu besar pasli dicincang
- 2 biji daun bawang dicincang halus
- 1 tangkai thyme
- 3 sudu besar bawang putih dicincang halus
- 2 ¼ cawan tepung serba guna
- 1 cawan air
- 1 sudu teh garam
- 1 sudu kecil lada hitam dikisar
- ¼ sudu teh paprika manis
- 2 sudu besar minyak zaitun
- 1 biji bawang putih dihiris
- 1 lada benggala hijau dicincang
- 2 biji tomato dicincang
- 2 malanga atau Yautia. dikupas dan dipotong dadu
- 1 biji pisang hijau dikupas dan dihiris
- 4 cawan bayam dibungkus dengan baik
- 1 biji labu siam dikupas dan dipotong dadu
- 2 lobak merah dikupas dan dipotong menjadi kepingan
- 2 biji parsnip dikupas dan dipotong menjadi kepingan
- 2 biji kentang dikupas dan dipotong dadu
- 2 biji keledek putih sederhana dikupas dan dipotong dadu
- 2 sudu besar serbuk bouillon daging
- Cubit serbuk bawang putih secukup rasa
- Secubit garam secukup rasa
- Cubit lada secukup rasa
- ½ daripada lada panas atau ¼ sudu teh sos panas

ARAHAN:

a) Perap daging semalaman dalam mangkuk dengan jus limau nipis, pasli, garam, lada hitam, bawang putih, daun bawang, dan thyme.
b) Angkat, dan rebus daging, masukkan air sedikit demi sedikit.
c) Satukan tepung, air, garam, lada sulah, dan paprika manis dalam mangkuk.
d) Bentuk ladu dengan sudu atau tangan anda. Letak tepi.
e) Jika anda menggunakan ketam biru, bersihkannya, tanggalkan cangkerang dan potong separuh di bahagian tengah.
f) Letakkan minyak, bawang dan lada hijau bersama-sama ketam biru dalam periuk stok yang besar dan panaskan dengan api sederhana selama dua hingga tiga minit.
g) Masukkan parsnip, lobak merah, tomato, bayam, dan labu siam. Masak selama 4 hingga 5 minit.
h) Masukkan 8 cawan air, tutup dan biarkan mendidih.
i) Biarkan sayur mendidih selama 7 hingga 8 minit.
j) Masukkan bahan-bahan lain, termasuk daging dan ladu.
k) Tutup dengan longgar dan biarkan mendidih selama 25 hingga 30 minit, atau sehingga semua bahan, termasuk ladu, masak dengan sempurna.
l) Hidangkan panas.

14. Ikan Rebus Coklat

Membuat: 2 Hidangan

BAHAN-BAHAN
UNTUK IKAN
- 1 sudu teh garam merah jambu
- 2 ekor ikan seperti ikan kakap atau burung kakak tua
- 1½ sudu besar perasa ikan
- 1 sudu kecil lada hitam

UNTUK KUAH STEW COKLAT
- 8 tangkai thyme
- 8 buah beri pimento
- ½ lada benggala merah, dihiris
- ½ lada benggala oren
- 1 julienne lobak merah sederhana
- 1½ sudu besar sos perang buatan sendiri
- 1 sudu teh perasa ikan
- minyak zaitun untuk menggoreng
- 1 biji bawang, dihiris
- 2 daun bawang, dihiris
- 4 ulas bawang putih, cincang
- 3 sudu besar pes tomato
- 2 sudu besar mentega tanpa tenusu
- 1½ cawan air panas

ARAHAN:

a) Gosok ikan di kedua-dua belah dengan perasa ikan, lada hitam, dan garam.
b) Masukkan minyak ke dalam kuali atau kuali nonstick yang cukup besar dan panaskan sehingga panas.
c) Masukkan ikan ke dalam kuali, kecilkan api ke sederhana, dan bakar kedua-dua belah.
d) Toskan minyak sebelum kembalikan kuali ke api.
e) Tambah 2 sudu teh minyak ke dalam kuali dan tumis selama 2 hingga 3 minit dengan bawang merah, bawang putih, lada benggala, lobak merah, daun bawang, pimento, thyme, dan bonet scotch.
f) Masukkan air, sos perang, dan 1 sudu teh rempah ikan.
g) Akhir sekali, masukkan ikan dan lumurkan dengan mentega supaya ia cair ke dalam hidangan.
h) Tutup kuali, dan reneh selama 10 minit.
i) Siram ikan dengan kerap untuk membolehkan kuah masuk ke dalam ikan.
j) Hidangkan, dan nikmati.

15.Sup Callaloo

Membuat: 4-6 hidangan

BAHAN-BAHAN
- 6 cawan callaloo atau bayam
- 1½ cawan keledek dipotong dadu
- 1½ cawan skuasy butternut, dipotong dadu
- 1 biji bawang besar dihiris
- 4 ulas bawang putih dikisar
- ½ sudu besar thyme kering
- ¼ daripada bonet scotch tidak terlalu banyak
- 1 sudu teh garam merah jambu Himalaya
- 1 daun bawang atau 3 ekor dihiris
- ¼ sudu teh lada hitam
- 4-5 biji bendi dihiris
- 2 cawan stok sayur
- 2 cawan santan
- 2 sudu besar minyak kelapa

ARAHAN:
a) Panaskan periuk berat di atas api sederhana sebelum masukkan minyak kelapa.
b) Tumis bawang putih, bawang merah, dan daun bawang selama satu minit, atau sehingga bawang lembut.
c) Masukkan butternut, keledek, dan bendi yang telah dipotong dadu.
d) Biarkan sayur-sayuran berpeluh dalam kuali selama dua hingga tiga minit, kacau sentiasa untuk mengelakkan pembakaran.
e) Masukkan bonet scotch, thyme, garam, dan lada sulah sambil toskan sayur.
f) Masukkan bayam atau callaloo ke dalam kuali.
g) Masukkan santan dan pati sayur, kemudian kecilkan api.
h) Tutup kuali dengan tudung dan biarkan adunan mendidih sehingga ia pekat, sehingga sejam.
i) Setelah ketebalan yang diperlukan telah dicapai, anda boleh berdenyut dengan pengisar kayu rendaman untuk mencapai konsistensi yang lebih seperti sup.

16. Chapea

Membuat: 6 hidangan

BAHAN-BAHAN
- ¼ cawan bawang cincang
- 5 ulas bawang putih, dikisar
- ½ lada benggala hijau, dicincang
- 2 cawan sup sayur-sayuran rendah natrium, dibahagikan
- 3 cawan air
- 1 cawan nasi belum masak
- ¼ cawan lobak merah parut
- 1½ cawan bunga kobis cincang
- 2 cawan kacang pinto yang dimasak atau dalam tin, toskan
- 1½ cawan labu butternut potong dadu
- ¼ cawan cilantro segar yang dicincang
- 1 sudu besar jus lemon
- Garam dan lada hitam, secukup rasa

ARAHAN:
a) Dalam periuk besar, masak lada benggala, bawang besar, dan bawang putih dalam 2 sudu besar stok sayur-sayuran sehingga ia berwarna perang.
b) Didihkan dengan baki air rebusan sayur dan air.
c) Masukkan beras, kacang, labu, kembang kol, dan lobak merah.
d) Masak selama 20 minit dengan api perlahan dengan penutup.
e) Campurkan jus lemon dan ketumbar.
f) Masak lagi 5 minit sambil bertutup.
g) Masukkan garam dan lada hitam secukup rasa.

17. Sup Kaki Ayam

Membuat: 5

BAHAN-BAHAN
- 2 paun kaki ayam
- 2 sudu besar cuka
- air 2 gelen
- 1 sudu teh garam
- 1 sudu kecil lada hitam
- 5 ulas bawang putih, cincang
- ½ paun labu dipotong dadu
- 1 kentang
- ½ paun keladi Caribbean, dikupas dan dipotong dadu
- 2 lobak merah
- 2 lobak
- 1 Cho-Cho labu siam
- ½ resipi ladu rebus
- 1 tangkai thyme
- 1 tangkai daun bawang, dihiris kecil
- 1 paket mee sup Labu

ARAHAN:
a) Basuh kaki ayam dalam air sejuk dan 2 sudu cuka. longkang.
b) Masukkan daging dalam periuk besar dengan bawang putih, labu, garam, lada sulah, dan 1 liter air.
c) Rebus selama 45 minit dengan penutupnya.
d) Masukkan sayur-sayuran cincang dan kacau dengan teliti.
e) Tambah ½ gelen air, tutup, dan masak selama 30 minit.
f) Selepas 15 minit, masukkan ladu ke dalam periuk dan kacau dengan teliti.
g) Masukkan mee, daun bawang, dan thyme.
h) Kacau sebati, kemudian masak selama 10 minit lagi.
i) Tanggalkan tudung, gaul rata, pasang semula, dan rebus selama 6 minit lagi.

18. Sup ayam

Membuat: 6 hidangan

BAHAN-BAHAN
- 1½ -2 paun ayam, dipotong menjadi kepingan
- 10 cawan air 2 ½ liter
- 1 paun labu boleh menggunakan 1 labu butternut, dicincang
- 2 biji kentang Ireland atau keledek, dicincang
- 1 Chocho dicincang
- 2 lobak merah dicincang
- 2 daun bawang dicincang
- 6 tangkai thyme
- Bonet Scotch
- 8 buah beri pimento

UNTUK LENGKAP DAN PEMILIS
- 2 cawan tepung bebas gluten 260g
- ½ cawan air
- ½ sudu teh garam merah jambu

ARAHAN:
a) Didihkan periuk stok air.
b) Masukkan ayam, separuh daripada labu atau labu, dan beri pimento.
c) Rebus adunan selama 30 minit dengan penutup, atau sehingga ayam masak dan labu atau labu lembut.
d) Gunakan garpu untuk tumbuk labu atau labu.
e) Untuk membuat ladu anda, gabungkan tepung dan garam merah jambu dalam mangkuk sederhana, dan kemudian tambah air secara beransur-ansur.
f) Satukan air dan tepung untuk membentuk bebola doh.
g) Ambil sedikit doh dan canai ke tapak tangan.
h) Bentukkan bebola doh ke dalam cakera untuk membuat ladu yang biasanya dibentuk.
i) Perlahan-lahan letakkan setiap pemutar dan ladu ke dalam sup yang sedang mendidih.
j) Masukkan baki labu atau labu, daun bawang, Chocho, kentang, lobak merah, thyme, campuran sup ayam buatan sendiri dan bonet scotch.
k) Tutup periuk, dan biarkan sup mendidih selama 45 minit atau sehingga ia pekat.

19.Souse Ayam

Membuat: 4

BAHAN-BAHAN:
- 2 paun kepak ayam dan drumsticks
- ½ cawan jus limau nipis yang baru diperah
- 2 lobak merah dikupas dan dicincang
- 2 batang saderi dihiris
- 3 habanero bonet scotch, serrano, atau jalapenos, dicincang
- 4 daun salam
- 1 sudu besar lada hitam
- 1 sudu besar garam perasa
- 1 sudu besar lada sulah
- Garam secukup rasa
- 1 sudu besar minyak
- 1 biji bawang putih atau kuning
- 2 biji kentang dikupas dan dipotong dadu
- 2 sudu teh thyme segar

ARAHAN:
a) Satukan limau nipis, garam perasa, lada sulah, lada sulah dan daun salam dalam beg ziplock.
b) Masukkan ayam, gaul sebati semuanya, dan perap selama 12 hingga 24 jam.
c) Panaskan minyak dalam ketuhar Belanda yang besar dengan api sederhana.
d) Masukkan kepingan ayam dan panaskan sehingga perang di semua bahagian, simpan perapan.
e) Masukkan bawang, lobak merah, dan saderi dan tumis selama 5 minit atau sehingga lembut.
f) Masukkan kentang dan thyme.
g) Masukkan ayam yang telah di perang dan bahan perapan yang telah disimpan ke dalam periuk.
h) Isi periuk dengan air secukupnya untuk menutupi ayam.
i) Didihkan, kemudian kecilkan api dan reneh selama 45 minit, atau sehingga daging ayam jatuh dari tulang.
j) Keluarkan ayam, buang tulangnya, dan kemudian masukkan kembali daging ayam ke dalam periuk.
k) Masukkan garam secukup rasa.
l) Keluarkan daun bay dan beri allspice.
m) Hidangkan bersama kek Johnny, limau nipis tambahan dan masam lama.

20.Chicken dengan kacang hitam

Membuat: 6 Hidangan

BAHAN-BAHAN:
- Semburan masak nonstick
- ¼ sudu teh garam
- 2 ulas bawang putih, dikisar
- 1 cawan Sup ayam
- 8 auns sos tomato
- ¼ sudu teh Lada
- ½ sudu teh Kayu manis
- ¼ sudu teh Cengkih, dikisar
- 1 paun Tanpa Kulit Dada ayam
- 2 sudu teh Mentega
- 1 Bawang besar
- ¼ cawan Rum ringan
- 1 lada benggala hijau, dibiji & dipotong dadu
- ¼ sudu teh garam
- sempang Lada cayenne
- 16 auns Kacang hitam, toskan

ARAHAN:
a) Sembur semburan masak nonstick pada kuali.
b) Perasakan ayam dengan garam dan lada sulah dan tumis dalam kuali dengan api sederhana selama 8 hingga 10 minit, atau sehingga kepingan mula berwarna perang.
c) Biarkan ia sejuk, dan kemudian potong menjadi jalur nipis. Mengetepikan.
d) Cairkan marjerin dalam kuali yang sama.
e) Masukkan bawang besar dan bawang putih.
f) Tuangkan 2 sudu besar sup ke dalam kuali.
g) Masak bawang selama 5 hingga 6 minit, kacau selalu, atau sehingga ia lembut.
h) Dalam kuali, masukkan sos tomato, baki stok dan rum.
i) Masukkan bahan perasa, lada hijau, dan ayam yang telah diketepikan. Biarkan mendidih.
j) Tutup kuali, dan reneh selama 15 minit, atau sehingga ayam masak dan cecair telah pekat.
k) Masukkan kacang dan panaskan selama 2-3 minit lagi.
l) Hidangkan bersama nasi.

21.Sup Avocado Caribbean

Membuat: 6 Hidangan

BAHAN-BAHAN:
- 3 buah alpukat masak
- ½ cawan yogurt
- 2½ cawan stok ayam organik
- 1 sudu kecil serbuk kari
- 1 sudu teh garam
- ¼ sudu teh lada putih

ARAHAN:
a) Belah separuh alpukat memanjang, cedok keluar daging dari lima bahagian, dan simpan separuh untuk hiasan.
b) Masukkan satu cawan stok ayam ke dalam pengisar bersama-sama dengan alpukat. Blend.
c) Isikan pengisar dengan yogurt, baki 1 cawan stok, garam, lada putih, dan serbuk kari. Blend lagi.
d) Sejukkan selama 5 hingga 10 minit di dalam peti sejuk.
e) Hidangkan segera, dan tambahkan setiap hidangan dengan beberapa keping alpukat yang telah dikhaskan.

22. Rebus ayam Caribbean

Membuat: 1 Hidangan

BAHAN-BAHAN:
- 3 sudu besar Mentega tanpa garam
- 3½ paun Goreng ayam, potong ke dalam kepingan hidangan
- 2 sudu besar Halia segar, dikisar
- ¼ sudu teh Buah pelaga tanah
- 3 lobak, kupas dan potong dadu
- 1 Lada habanero, jalapeno atau serrano segar, dibiji dan dicincang
- Garam secukup rasa
- 1 sudu besar serbuk kari
- 1 sudu kecil Kunyit kisar
- ¼ sudu teh Lada sulah yang dikisar
- 2 Bawang besar, dipotong menjadi kepingan
- ¾ cawan Stok ayam

ARAHAN:
a. Dalam periuk sup besar di atas api sederhana tinggi, cairkan separuh mentega.
b. Masak ayam selama 8 hingga 10 minit hingga perang kedua-dua belah.
c. Masukkan lada dan halia.
d. Masukkan garam secukup rasa dan masukkan bahan perasa yang tinggal.
e. Masukkan bawang, lobak, dan ½ cawan stok.
f. Tutup dan perlahan-lahan rebus ayam selama 40 minit, atau sehingga ia masak dengan sempurna.
g. Masukkan baki mentega ke dalam sos dan pinggan ayam dengan nasi.

23.Sup ayam-sayur Caribbean

Membuat: 4 Hidangan

BAHAN-BAHAN:
- 1 cawan bawang cincang
- ½ cawan Saderi cincang
- ½ cawan Lada benggala merah dan hijau, potong dadu
- ½ sudu teh thyme kering
- 1 cawan air
- 2 daun salam
- 1 sudu kecil Serbuk cili
- ½ sudu teh serbuk kari
- ¼ sudu teh Lada sulah yang dikisar
- 4½ cawan Air rebusan ayam rendah natrium, dinyahlemak
- ⅛ sudu teh Lada hitam yang baru dikisar
- 1¼ paun Bahagian dada ayam tanpa kulit, masuk tulang
- ¼ cawan Nasi putih, sukatan kering
- 14½ auns Kacang hitam, masak, bilas, dan toskan

ARAHAN:
a) Satukan minyak, saderi, lada merah atau hijau, dan bawang dalam periuk besar.
b) Masak sayur selama 5 minit sambil dikacau selalu dengan api yang tinggi.
c) Masukkan air, daun salam, serbuk cili, serbuk kari, thyme, lada sulah, dan lada hitam sambil dikacau dalam sup.
d) Didihkan selepas masukkan ayam.
e) Reneh selama 25 minit, atau sehingga ayam betul-betul masak. Kacau selalu.
f) Apabila ayam sudah cukup sejuk untuk dikendalikan, ketepikan.
g) Potong ayam menjadi kepingan bersaiz gigitan selepas mengeluarkan tulang.
h) Masukkan kacang dan nasi ke dalam periuk.
i) Masak selama 15 minit, atau sehingga nasi empuk.
j) Masukkan semula ayam ke dalam periuk, kemudian reneh selama 5 minit.
k) Buang daun bay.
l) Hidangkan dengan yogurt tanpa lemak dan lada merah cincang.

24. Cowder Kerang Santan

Membuat: 6 Hidangan

BAHAN-BAHAN:
- 1 paun daging kerang
- ¼ cawan minyak masak, bahagikan
- 2 bawang hijau, dicincang
- Garam dan lada sulah secukup rasa
- 1½ sudu teh sos panas
- 1 lobak merah, potong dadu
- 1 batang saderi, potong dadu
- 14-auns tin santan
- 2 cawan stok ikan
- 1 lada benggala merah, potong dadu
- ½ biji jagung segar
- 2 sudu besar tepung serba guna
- 1-kuar setengah setengah
- 1½ sudu besar akar halia segar parut
- 1 tandan ketumbar segar, dicincang

ARAHAN:
a) Rebus daging kerang dalam periuk dengan air selama 15 minit. Toskan dan cincang halus.
b) Dalam kuali, panaskan 2 sudu besar minyak, kemudian masukkan jagung, lobak merah, saderi, lada merah, dan bawang hijau. Masak dan kacau selama 5 minit.
c) Untuk membuat roux, cairkan baki 2 sudu minyak dalam periuk dan kacau dalam tepung.
d) Masukkan stok ikan, santan, dan setengah setengah.
e) Masukkan halia dan garam dan lada sulah secukup rasa.
f) Kacau sayur dan kerang ke dalam periuk.
g) Didihkan, kemudian reneh selama 15 minit dengan api perlahan.
h) Masukkan sos pedas dan bancuhan daun ketumbar.
i) Masak selama 15 minit lagi, atau sehingga anda mendapat konsistensi yang diingini.

25.Sup Udang Kelapa

Membuat: 4

BAHAN-BAHAN:
- 600g udang mentah, deveined
- 1 biji bawang besar dihiris
- 2 lobak merah bersaiz sederhana dicincang
- 1 lada benggala merah dihiris
- 2-3 cawan bayam atau kangkung, dicincang
- 2 daun bawang dicincang
- segenggam bendi
- 4 ulas bawang putih dikisar
- 1 sudu besar halia dikisar
- 1 tin santan
- 1 liter stok sayuran
- 1 sudu teh perasa makanan laut
- 1 sudu kecil lada hitam
- 5 tangkai thyme segar
- 2 sudu teh pasli
- 1 bonet scotch
- ¼ sudu teh serpihan cili merah untuk panas
- perahan jus limau nipis segar
- ⅛ sudu teh garam merah jambu Himalaya
- minyak kelapa
- 1 sudu besar ubi kayu dibancuh dengan 2 sudu besar air suam

ARAHAN:
a) Dalam mangkuk sederhana, satukan udang dan perasa makanan laut. Ketepikan mangkuk.
b) Dalam periuk besar di atas api sederhana, cairkan 2 sudu besar minyak kelapa.
c) Tumis bawang merah, bawang merah dan bawang putih hingga lut sinar dan empuk.
d) Masukkan udang, bayam, lada benggala, dan lobak merah, dan reneh selama lima minit lagi.
e) Perasakan dengan lada hitam, pasli, thyme, dan kepingan cili, jika digunakan. Kacau hingga sebati.
f) Masukkan santan dan stok sayur, dan biarkan mendidih.
g) Masukkan bonet scotch dan kecilkan api ke tetapan rendah sambil menutup kuali.
h) Reneh selama 20 minit.
i) Masukkan pes ubi kayu selepas 15 minit.

26.Sup Keong

Membuat: 6 Hidangan

BAHAN-BAHAN:
- 1 lemon, dijus
- 1 paun daging kerang dibersihkan. dilembutkan dan dicincang
- 2 sudu besar minyak zaitun
- 1 biji bawang putih dihiris
- 3 daun salam
- 4 ulas bawang putih dihiris
- 6 tangkai thyme segar, bertangkai dan dicincang halus
- 28-auns tin tomato dipotong dadu
- 16 auns stok ayam
- 2 batang saderi dihiris
- 3 lobak merah dicincang
- 1 lada benggala merah dihiris
- 1 bonet scotch dicincang
- garam secukup rasa
- lada hitam secukup rasa
- 1 sudu kecil lada sulah yang dikisar
- 1 tandan pasli dicincang
- ¼ cawan bawang hijau dicincang
- 8 auns jus kerang
- 1 sudu besar cuka putih suling

ARAHAN:
a) Panaskan minyak zaitun dalam periuk stok 6 liter hingga sederhana tinggi.
b) Masukkan lobak merah, saderi, bawang besar, lada benggala, dan bonet scotch.
c) Tumis sehingga lembut, dan kemudian masukkan daun bay, thyme, lada sulah, dan bawang putih.
d) Kacau hingga sebati, kemudian teruskan masak hingga naik bau.
e) Campurkan tomato, stok ayam, dan jus kerang.
f) Masukkan daging kerang, dan masak selama 35 minit tanpa penutup.
g) Masukkan pasli, bawang hijau, cuka, jus lemon, dan garam dan lada, dan reneh selama 5 minit lagi.
h) Hidangkan panas.

27.Sup Jagung

Membuat: 6 Hidangan

BAHAN-BAHAN:
- 1½ paun Ekor Babi Masin dipotong-potong dan direbus
- 1 ¼ cawan Yellow Split Peas, dicuci
- 5 ¼ cawan Air
- 4 ulas Bawang putih, ditumbuk
- 2 sudu besar Minyak Kelapa
- 6 tangkai Thyme Segar
- 1 Bawang besar, potong dadu
- 2 batang Saderi, dipotong dadu
- ¼ cawan Parsley Segar Cincang
- 3 daun bawang, dicincang
- 3 Pimiento Peppers, dipotong dadu
- 2 Lada Cili Mata Burung Merah
- 3 sudu besar Daun Ketumbar Cincang
- ¼ sudu teh Lada Hitam yang Dikisar Baru
- 2 cawan Labu Dipotong dadu
- 2 cawan Kentang Dipotong dadu
- 2 cawan Stok Ayam
- 1½ cawan Santan
- 2 lobak merah, potong dadu
- 4 Jagung dipotong-potong
- 1 tin Jagung Berkrim
- 1 cawan Jagung Beku
- 1 cawan Tepung Serbaguna
- 1 secubit Garam

ARAHAN:

a) Satukan kuncir yang telah direbus bersama Kacang Pisang Kuning dan Bawang Putih dan biarkan mendidih.
b) Reneh selama 35-40 minit atau sehingga kacang empuk.
c) Panaskan Minyak Kelapa di atas api sederhana, kemudian masukkan Bawang, Bawang Merah, Thyme Segar, Lada Pimiento, Daun Ketumbar, Parsley Segar, Lada Cili Mata Burung Merah, Saderi dan Lada Hitam yang Dikisar Baru. Masak lebih kurang 4-5 minit.
d) Masukkan Ubi Keledek, Labu, dan Lobak Merah dan kacau rata. Kemudian masukkan Stok Ayam dan biarkan mendidih selama lebih kurang 25 minit.
e) Masukkan kacang/pigtail ke dalam periuk sup, dan kacau rata.
f) Masukkan Santan, Jagung Beku, dan Jagung Berkrim.
g) Reneh selama 20 minit lagi.
h) Letakkan Air, Tepung Serbaguna, dan Garam dalam mangkuk dan uli hingga menjadi doh yang lembut. Biarkan doh berehat lebih kurang 5 minit.
i) Bahagikan kepada 3 bebola yang lebih kecil dan gulung setiap bahagian untuk membentuk straw tebal, silinder.
j) Potong ke dalam kepingan saiz gigitan, dan masukkan ke dalam sup mendidih.
k) Masukkan kepingan jagung yang telah dipotong, dan masak selama kira-kira 5 minit.

28. Sup Tumit Lembu dalam Periuk Perlahan

Membuat: 4 hingga 5 hidangan

BAHAN-BAHAN:
- 2 sudu teh minyak sayuran
- 1 cawan bawang besar dipotong dadu
- 6 tangkai thyme, dibahagikan
- 2 paun tumit lembu, dicincang kasar
- Garam, secukup rasa
- Lada hitam yang baru dikisar, secukup rasa
- 5 cawan air
- 1 kiub bouillon ayam
- ½ cawan kacang pis kuning
- 8 biji bendi, dibelah dua bersilang
- 2 biji lobak merah, dikupas dan dihiris bulat
- 12 biji ladu tepung

ARAHAN:
a) Panaskan minyak dalam kuali dan tumis bawang besar.
b) Tambah tumit dan biarkan ia menjadi perang selama beberapa minit.
c) Pindahkan adunan ke dalam periuk perlahan.
d) Perasakan dengan garam dan lada sulah, tambah air dan bouillon, bersama separuh thyme, dan masak di atas api selama tiga jam, pastikan sentiasa ada air yang mencukupi.
e) Masukkan bahan-bahan yang tinggal, tidak termasuk ladu, dan masak dengan api kecil selama 2 hingga 3 jam tambahan, atau sehingga daging empuk dan jatuh dari tulang.
f) Masukkan ladu dan biarkan ia mendidih selama kira-kira 10 minit.

29. Cuban Caldo gallego sup

Membuat: 1 periuk

BAHAN-BAHAN
- 2 liter Air
- 1 Tulang ham kecil
- 1 Ham hock
- ½ cawan kacang utara, direndam semalaman
- ½ paun rusuk pendek daging lembu
- 1 sudu teh Garam
- 2 biji kentang dipotong dadu
- 1 tandan sayur kolard dicuci & dicincang
- ½ cawan Bawang besar dicincang
- 3 sudu besar minyak Bacon
- 1 sosej darah/Morcilla, dihiris
- ⅓ cawan Lada Loceng Hijau dicincang
- 1 daun salam

ARAHAN:
a) Didihkan air dalam periuk besar.
b) Masukkan garam, daun bay, rusuk pendek, dan tulang ham.
c) Keluarkan sebarang buih yang terbentuk, kecilkan api hingga mendidih, tutup dan teruskan memasak selama 30 minit.
d) Masukkan kacang dan rebus sehingga lembut.
e) Masukkan bahan-bahan yang tinggal, dan teruskan memasak, tanpa penutup, selama 10 minit tambahan.

30. Curry Chana Stew Dari Trinidad

Membuat: 6 cawan

BAHAN-BAHAN:
- 4 cawan kacang ayam, direndam semalaman
- 1 lada cili serrano, dibiji dan dikisar
- 3 sudu kecil serbuk kari
- 1 sudu besar minyak zaitun
- 1 biji bawang kuning
- ¼ sudu teh methi/halba
- 1¼ cawan air, dibahagikan
- 3 ulas bawang putih, dikisar
- ½ sudu teh kunyit
- ½ sudu teh jintan manis
- ½ sudu teh garam
- 2 sudu besar ketumbar, dicincang

ARAHAN:
a) Rebus kacang ayam dalam air selama 1½ jam, atau sehingga ia lembut.
b) Toskan kacang sambil menyimpan cecair masak.
c) Dalam periuk di atas api sederhana tinggi, panaskan minyak zaitun.
d) Masukkan hirisan bawang dan masak selama 5 minit, atau sehingga telus.
e) Masukkan cili serrano dan bawang putih, masak selama 2 hingga 3 minit lagi, atau sehingga aromatik.
f) Kacau dalam serbuk kari, jintan manis, kunyit, dan methi selama kira-kira 30 saat.
g) Tuangkan dalam ¼ cawan air, cecair masak kacang ayam, atau sup sambil mengacau adunan.
h) Masukkan kacang ayam yang telah dimasak, dan reneh selama 5 minit dengan api perlahan.
i) Keluarkan tudung dari periuk, tambah garam dan teruskan reneh selama 20 minit lagi.
j) Teratas dengan daun ketumbar, dan hidangkan bersama nasi perang.

31.E sup kari tembikai

Membuat: 4 Hidangan

BAHAN-BAHAN:
- 1 Bawang besar, dikupas dan dicincang
- 1 sudu besar Bawang putih cincang
- 1 Hock ham salai
- 2 liter Stok ayam
- ½ cawan Krim tebal
- ½ tin krim kelapa
- 4 Terung, kupas dan potong dadu
- ¼ cawan serbuk kari
- 1 tin daripada santan
- 1 kuntum halia segar, dikupas dan dicincang
- 1 tangkai serai, dihiris

ARAHAN:
a) Tumis hock ham, bawang putih dan bawang besar dalam periuk berdasar berat sehingga bawang lut sinar.
b) Masukkan bahan-bahan lain dan reneh dengan api kecil hingga sederhana selama setengah jam.
c) Proses dalam pemproses makanan, kemudian melalui penapis jaringan halus.
d) Perasakan dan hidangkan panas.

32.Sup Teh Ikan

Membuat: 3 Hidangan

BAHAN-BAHAN:
- 580 g ikan segar, dibasuh dalam cuka
- 100 g Labu Dikupas dan dicincang
- 240 g keladi kuning Dikupas dan dicincang
- 40 g Bawang besar dihiris
- 35 g Daun Bawang Dihiris
- 160 g Chocho/Chayote, Dicincang
- 1 lada bonet Scotch
- 100 g Okra Dicincang dua bahagian
- 70 g lobak merah dipotong dadu
- 1½ sudu teh Garam Atau secukup rasa
- 2 ulas bawang putih dihiris halus
- 3 Tabur thyme
- 5 buah Pimento / allspice
- 1 pek campuran mee teh ikan
- 4½ Cawan Air

UNTUK MENCUCI IKAN
- 1 Lemon atau limau nipis Untuk mencuci ikan
- 1 sudu teh Cuka Untuk mencuci ikan
- air

ARAHAN:
a) Masukkan ikan, 2½ cawan air mendidih, bawang besar, bawang putih, daun bawang, dan satu sudu teh garam dalam periuk sup.
b) Hidupkan api ke sederhana dan biarkan mendidih selama 10 hingga 15 minit atau sehingga ia lembut.
c) Keluarkan ikan yang telah dimasak dari periuk, kemudian nyah tulang.
d) Masukkan air secukupnya bersama lobak merah, keladi, labu, chocho, thyme, pimento, dan lada bonet scotch.
e) Tutup dan panaskan sehingga mendidih.
f) Tambah empat sudu teh air sejuk ke dalam adunan.
g) Tutup dan masak selama 30 hingga 35 minit pada api sederhana hingga perlahan.
h) Masukkan ikan dan bendi separuh.
i) Keluarkan thyme dan batang lada bonet Scotch dan hidangkan.

33.Air Mannish Sup Kambing

Membuat: 6 Hidangan

BAHAN-BAHAN:
- 2 paun kepala dan kaki kambing, potong-potong
- ½ paun labu dicuci dan dipotong dadu
- Garam secukup rasa
- Sedikit biji lada sulah
- 1 paun keladi kuning
- 1 cawan tepung untuk membuat ladu
- 2 lobak merah dikupas, dibasuh dan dipotong dadu
- 1 kentang Ireland dikupas, dibasuh dan dipotong dadu
- 3 ulas bawang putih ditumbuk
- 3 tangkai daun bawang
- 3 jari kulit pisang hijau, basuh dan hiris
- 2 tangkai thyme hijau segar
- 1 lada panas hijau

ARAHAN:
a) Masukkan kepala dan kaki kambing ke dalam periuk air mendidih.
b) Dengan api sederhana, biarkan periuk mendidih selama 10 hingga 15 minit.
c) Tambah beberapa biji pimento dan dua ulas bawang putih.
d) Rebus kepala dan kaki kambing sehingga separuh masak. Mengetepikan.
e) Masukkan pisang, labu, dan lobak merah dan reneh selama 10 minit.
f) Masukkan garam dan lada sulah secukup rasa sebelum masukkan ladu, daun bawang, thyme dan lada panas.
g) Kacau dan kecilkan api.
h) Reneh sup sehingga pekat, kemudian tutup api.
i) Hidangkan hangat.

34.Sup Kacang Gungo

Membuat: 6-8

BAHAN-BAHAN:
- 2 cawan gungo kering atau kacang merpati, direndam semalaman, dan toskan
- 1 hock ham salai
- 2 biji bawang, potong
- 2 lobak merah, potong kecil
- 1 tangkai saderi, dengan daun
- 2 biji bonet scotch atau cili jalapeño, buang biji dan potong dadu
- 1 ulas bawang putih, dikisar
- 1 daun salam
- 1 sudu teh daun rosemary segar yang ditumbuk atau ¼ sudu teh rosemary kering yang dihancurkan
- 1 bahagian Pemintal

ARAHAN:
a) Isi periuk stok dengan 6 cawan air, kemudian masukkan ham hock, daun bay, rosemary, bawang, lobak merah dan saderi.
b) Didihkan, kemudian reneh selama 45 minit dengan api perlahan.
c) Keluarkan sayur-sayuran dari stok dan simpan ham hock.
d) Masukkan kacang polong yang telah direndam, stok dan ham hock kembali ke dalam periuk stok.
e) Rebus kacang selama kira-kira dua jam, dengan api perlahan sehingga ia lembut.
f) Menggunakan sudu berlubang, keluarkan separuh kacang dari sup dan tulennya dalam pemproses makanan.
g) Masukkan semula puri ke dalam sup.
h) Panaskan kuahnya dengan teliti sebelum menambah Spinner yang disediakan.

35. Sup Daging Lembu Jamaica

Membuat: 6

BAHAN-BAHAN:
UNTUK DAGING
- 2½ paun daging lembu tanpa lemak
- 3-4 sudu besar perasa daging

UNTUK SUP
- 1-1½ paun labu tulen
- 8 cawan air
- 2 cawan bendi dicincang
- 2 Chocho/labu siam, dicincang
- 2-3 lobak merah dicincang dan dibelah dua
- 5-6 tongkol jagung
- 10 biji pimento/lada sulah
- 10 tangkai thyme diikat bersama
- 1 biji bawang besar dihiris
- 2 daun bawang keseluruhan
- 3 ulas bawang putih dihiris
- 3-4 sudu besar campuran sup buatan sendiri
- 1 lada bonet scotch
- garam merah jambu, butiran bawang putih, dan lada hitam secukup rasa

ARAHAN:
a) Campurkan daging lembu dengan perasa daging lembu, toskan hingga bersalut, dan biarkan curam selama beberapa jam atau semalaman.
b) Rebus labu, kemudian tumbuk.
c) Tekan masak daging terlebih dahulu.
d) Panaskan lapan cawan air.
e) Masukkan daging lembu dan masak selama 45 minit dengan api sederhana.
f) Masukkan puri labu.
g) Masukkan pimento campuran sup, thyme, dan bonet scotch, bersama dengan Chocho, okra, jagung, lobak merah, bawang merah, daun bawang, dan bawang putih.
h) Biarkan sup mereneh tanpa ditutup dengan api kecil hingga sederhana selama 45 minit, atau sehingga sup mula pekat.
i) Tanggalkan bonet Scotch dan tangkai thyme sebelum dihidangkan.

36. Sup Kambing Jamaica

Membuat: 6 Hidangan

BAHAN-BAHAN
UNTUK TEKAN MEMASAK DAGING
- 7 cawan air
- 2 sudu besar sebarang perasa daging merah
- 2½ paun daging kambing

UNTUK MEMASAK SUP
- 1 paun keladi putih atau kuning, dicincang
- 1 Chocho dicincang
- 8 tangkai thyme diikat dalam satu berkas
- 8 buah beri pimento
- 1 kentang
- 2 lobak merah dicincang
- 3 daun bawang dicincang
- 1 bawang dicincang, pilihan
- 1 bonet scotch
- lada hitam, serbuk bawang putih, dan garam merah jambu secukup rasa
- 5 cawan air sisa daripada tekanan memasak daging
- 5 cawan stok daging kambing
- 3 sudu besar campuran sup labu

UNTUK LADU
- ½ cawan air
- 2 cawan tepung tanpa gluten
- ½ sudu teh garam merah jambu

ARAHAN:

UNTUK TEKAN MASAK KAMBING

a) Dalam periuk segera, masukkan daging kambing, perasakan dengan garam dan lada sulah, dan masukkan air.
b) Tutup, pilih "mod daging," dan masak selama 20 minit.
c) Apabila pemasa dimatikan, lakukan pelepasan pantas dan gerakkan injap ke kedudukan "pengeluaran".

UNTUK MEMBUAT SUP

a) Pindahkan daging kambing, 5 cawan stok daging kambing, dan 5 cawan air masak tekanan ke dalam periuk stok dan biarkan mendidih.
b) Kacau dalam campuran Chocho, keladi, kentang, lobak merah, daun bawang, bawang, beri pimento, thyme dan sup ayam sebelum mengurangkan api kepada sederhana atau rendah.

UNTUK MEMBUAT LADU

a) Satukan tepung dan garam merah jambu dalam mangkuk.
b) Masukkan air ke dalam mangkuk secara beransur-ansur sehingga ia menjadi cukup melekit untuk membentuk bebola doh.
c) Cubit sedikit doh, gulung di tapak tangan untuk membentuk "pemutar", kemudian ratakan ke dalam cakera.
d) Masukkannya ke dalam periuk semasa anda membuatnya.
e) Masukkan bonet scotch, tutup sebahagian periuk dan biarkan mendidih sehingga sejam.
f) Tumbuk bahagian kentang dengan belakang sudu untuk menjadikan sup lebih pekat.

37.Sup udang Jamaica

Membuat: 2

BAHAN-BAHAN:
- 2 sudu besar Pes Kari Hijau
- 1 cawan Stok Sayur
- 1 cawan Santan
- 6 auns Udang Masak
- 5 auns Bunga Brokoli
- 3 sudu besar Cilantro, dicincang
- 2 sudu besar Minyak Kelapa
- 1 sudu besar Kicap
- Jus ½ limau nipis
- 1 bawang besar sederhana, dicincang
- 1 sudu kecil Bawang Putih Panggang Ditumbuk
- 1 sudu kecil Halia Kisar
- 1 sudu kecil Sos Ikan
- ½ sudu teh Kunyit
- ½ cawan Krim Masam

ARAHAN:
a) Cairkan minyak kelapa dalam periuk .
b) Masukkan kunyit, pes kari hijau, bawang putih, halia, dan bawang besar diikuti dengan sos ikan dan kicap .
c) Masak selama dua minit .
d) Masukkan santan dan pati sayur dan gaul rata.
e) Reneh selama beberapa minit.
f) Setelah kari agak pekat, masukkan bunga brokoli dan daun ketumbar dan gaul rata.
g) Masukkan jus limau nipis dan udang ke dalam kari setelah anda berpuas hati dengan konsistensinya. Kacau semuanya.
h) Masak dengan api perlahan selama beberapa minit.
i) Perasakan dengan garam dan lada sulah jika perlu.

38.Sup Leek

Membuat: 4 Hidangan

BAHAN-BAHAN:
- 6 cawan air rebusan ayam
- 1½ sudu teh garam atau secukup rasa
- 2 sudu besar mentega
- 3 cawan daun bawang, dihiris
- 1½ cawan bawang, dihiris
- 2 sudu besar tepung
- ½ sudu teh lada putih kisar

ARAHAN:
a) Cairkan mentega dalam periuk dengan api sederhana.
b) Campurkan daun bawang dan kepingan bawang dalam mentega cair.
c) Masak perlahan-lahan, kacau sekali-sekala, selama 10 hingga 15 minit sehingga sayur-sayuran sangat lembut tetapi tidak berwarna.
d) Buka tutup dan taburkan tepung ke atas daun bawang dan bawang.
e) Kacau hingga sebati tepung.
f) Masak dengan api sederhana selama 2 minit.
g) Tutup api dan terus masak sekejap.
h) Masukkan 2 cawan air rebusan sambil dikacau berterusan, biarkan mendidih, dan kemudian kacau dalam kuah yang tinggal.
i) Rebus sup, kemudian reneh selama kira-kira 20 minit.
j) Tumbuk, puri atau campurkan sup mengikut konsistensi yang diingini sebelum dihidangkan.

39.Sup lentil

Membuat: 4 Hidangan

BAHAN-BAHAN
UNTUK SUP:
- ½ paun sosej
- 2 sudu teh minyak
- 2 biji daun bawang, dipotong dan dihiris nipis
- 1 biji bawang
- 1 lobak merah
- ½ cawan tomato plum dalam cecair
- 1½ cawan lentil
- 2 liter stok ayam
- Garam dan lada sulah secukup rasa
- Pasli

UNTUK KRIM BEBAS BEBAS
- 1 sudu besar cuka sherry
- ½ cawan daun bawang dicincang
- 1 cawan krim masam

ARAHAN:
a) Perangkan sosej di dalam ketuhar.
b) Masukkan ¼ cawan air sejuk dan biarkan mendidih. Mengetepikan.
c) Panaskan minyak dalam periuk besar.
d) Masukkan daun bawang, bawang merah, dan lobak merah sebelum ditutup dan biarkan ia menyerap lemak.
e) Masak sayur selama kira-kira 8 minit dengan api perlahan, atau sehingga lut sinar.
f) Masukkan tomato dan lentil.
g) Masukkan sosej, stok, garam, dan lada sulah.
h) Didihkan, dan kemudian reneh selama kira-kira 25 minit.
i) Masukkan pasli ke dalam sup.
j) Satukan semua bahan untuk krim daun bawang, dan masukkan dalam setiap mangkuk sup.

40. Sup Lobster dengan Goreng Pedas

Membuat: 4 hidangan

BAHAN-BAHAN
- 1 sudu besar minyak zaitun
- 1 paun sosej chorizo, dihiris
- 2 cawan bawang, julienned
- 8 cawan udang galah, udang atau stok ikan
- 12 ulas bawang putih keseluruhan, dikupas
- 2 biji cili hijau, dihiris cincin nipis
- 3 cawan pelbagai jenis sayur-sayuran yang dicincang kasar, seperti kolar, sawi, lobak, chard, dandelion, sayur-sayuran bit atau bayam
- 2 cawan tomato cincang
- 3 oren, dijus
- 2 udang galah berduri atau Maine, dibelah dua
- garam
- Serpihan lada merah dihancurkan
- ½ cawan santan
- 2 sudu besar daun ketumbar segar yang dicincang halus
- 1 resepi Goreng Berempah
- 1 resipi mayonis lada merah

ARAHAN:
a) Tuangkan 1 sudu besar minyak zaitun ke dalam periuk yang besar, dan panaskan pada api sederhana.
b) Masukkan sosej dan bawang, dan masak selama dua minit.
c) Didihkan sambil kacau dalam stok, bawang putih, dan cili.
d) Reneh selama 60 minit.
e) Masukkan bahagian udang galah, sayur-sayuran, tomato, dan jus oren, dan perasakan dengan garam dan kepingan lada merah.
f) Reneh selama 30 minit.
g) Masukkan santan dan ketumbar dan kacau.
h) Letakkan separuh udang galah dalam setiap mangkuk kecil.
i) Hidangkan udang galah dengan kuahnya di atas.
j) Masukkan goreng dan sedikit mayonis sebagai hiasan.

41. Rundown Tenggiri

Membuat: 3-4

BAHAN-BAHAN:
- 2 paun garam tenggiri
- 1½ Tin Santan
- 1 Bawang Besar, Dihiris
- 2 Ulas Bawang Putih
- 2 Batang Daun Bawang
- 1 Lada Bonet Scotch Hijau
- 2 biji tomato, dihiris
- 3 Tangkai Thyme
- garam
- Lada hitam

ARAHAN:
a) Rebus ikan tenggiri selama 35 minit dalam air mendidih.
b) Toskan dan potong ikan tenggiri menjadi kepingan.
c) Dalam kuali tumis, rebus santan sehingga pekat menjadi kastard dan terpisah minyak dari kastard.
d) Masukkan ikan tenggiri, kemudian masak selama 10 minit dengan api sederhana.
e) Perasakan makanan dengan garam dan lada sulah secukup rasa.
f) Kacau, tutup, dan reneh selama sepuluh minit lagi dengan api perlahan.

42. Mojo De Ajo

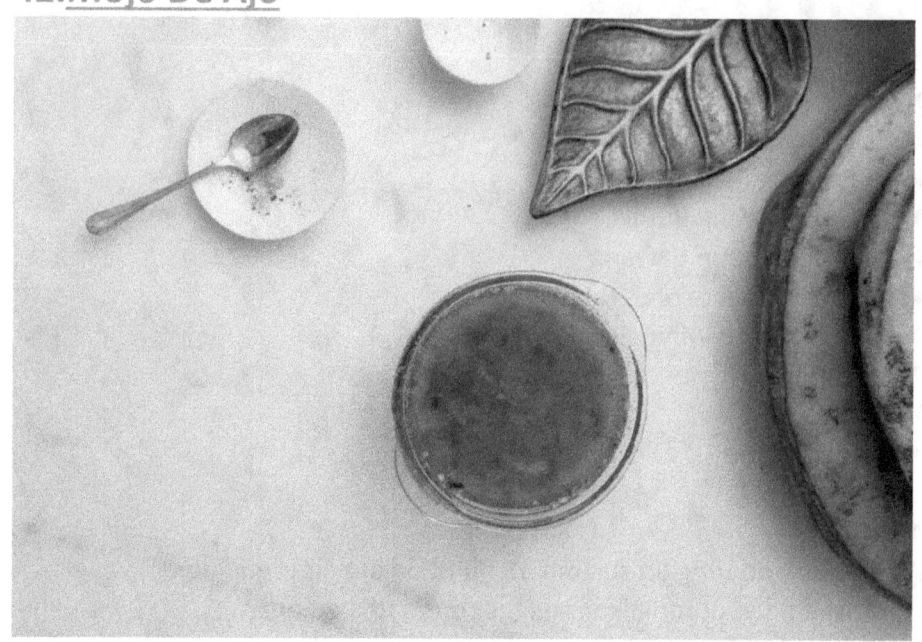

Membuat: 1 ¼ cawan

BAHAN-BAHAN:
- 1 serrano chili atau jalapeño, batang dibuang, belah memanjang
- 1 ulas bawang putih
- ½ cawan mata air ketumbar
- Jus 1 oren
- Jus 2 biji limau purut
- ⅓ cawan minyak zaitun
- 2 sudu teh gula
- 1 sudu teh garam halal

ARAHAN:
a) Kisar bahan-bahan dalam pengisar sehingga kebanyakannya licin.
b) Tuangkan sos ke dalam mangkuk kecil.

43. Minyak turun Stew

Membuat: 4 Hidangan

BAHAN-BAHAN:
- ½ paun daun talas, dicincang
- 2 tangkai thyme
- 1½ paun ikan kod masin dipotong menjadi kepingan dan dibilas dengan bersih
- 2 tangkai saderi
- 2 biji lobak merah dihiris
- 1 biji sukun, kupas dan potong
- Beberapa batang daun kucai, dihiris halus
- 1 sudu kecil kunyit
- 1 lada benggala hijau, dicincang halus
- 2 biji bawang besar dihiris
- ½ sudu teh buah pala
- 2 sudu besar pasli segar, dicincang halus
- 2 ulas bawang putih ditumbuk
- 2 biji lada merah dihiris nipis
- 1 sudu besar halia segar, parut halus
- ½ cawan santan
- 1 cawan krim berat
- garam
- Lada
- 3 sudu besar minyak kanola

ARAHAN:
a) Dalam kuali besi tuang, masak bawang dengan api sederhana rendah.
b) Masukkan lada panas, bawang putih, kucai, halia, thyme, dan pasli dan masak, kacau kerap, selama satu minit.
c) Masukkan sukun, lobak merah, lada benggala hijau, saderi dan daun talas.
d) Masak selama 5 minit sambil dikacau sentiasa di atas api sederhana tinggi.
e) Masukkan santan, krim kental, buah pala dan kunyit.
f) Masukkan garam dan lada sulah untuk perasa.
g) Reneh selama 50 minit sehingga sos berkurangan.

44.Rebus Ekor Lembu

Membuat: 4 Hidangan

BAHAN-BAHAN
- ⅓ cawan kacang putih kering, rebus dan toskan
- 1 sudu besar Minyak sayuran
- 3 paun ekor lembu daging
- 3 ulas bawang putih, kupas dan hancurkan
- 1 bawang kuning sederhana, dikupas dan dipotong dadu
- 1 biji tomato, potong dadu
- 2 cawan stok daging lembu dalam tin
- 2 cawan Air
- 2 sudu besar Lada sulah yang baru dikisar
- Garam secukup rasa
- Lada hitam, baru dikisar
- Sos Tabasco, secukup rasa

ARAHAN:
a) Perangkan ekor lembu dalam minyak dalam periuk.
b) Pindahkan ekor lembu ke dalam kaserol dapur bersama dengan tomato, bawang merah dan bawang putih.
c) Masukkan air secukupnya untuk menutup isi periuk bersama stok daging.
d) Masukkan Garam, lada sulah, dan lada sulah.
e) Masukkan kacang toskan, tutup dan masak selama 3½ jam.
f) Masukkan sos Tabasco, garam, dan lada sulah untuk perasa.

45.P apaya-sup oren

Membuat: 6 Hidangan

BAHAN-BAHAN:
- 2 cawan Air rebusan ayam sejuk
- 1 cawan daripada Jus oren segar
- 1 Sampul surat gelatin biasa
- 1 putih telur, dipukul
- 1 secubit daripada jintan tanah
- Badam, dicincang
- 1 Betik, dibiji, dan tumbuk
- 1 secubit garam
- Kelapa, parut

ARAHAN:
a) Tuangkan sup sejuk ke dalam periuk, atas dengan gelatin, dan ketepikan selama beberapa minit untuk melembutkan.
b) Kacau secara berterusan sambil menambah putih telur sehingga gelatin larut sepenuhnya.
c) Benarkan penyejukan.
d) Masukkan campuran sup dan jus oren, dan kemudian proses menjadi puri.
e) Perasakan secukup rasa
f) Sejukkan selama beberapa jam, idealnya semalaman.
g) Masukkan kelapa dan badam sebagai hiasan.

46. Sup Periuk Udang Berlada

Membuat: 10

BAHAN-BAHAN
- Bungkusan 10 auns bendi beku, dihiris
- 1 cawan krim kelapa, dalam tin
- 10 keping limau nipis
- 1 cawan bayam segar, dicincang
- 1/2 sudu teh rosemary, dihancurkan
- 1/4 sudu teh bawang putih kisar
- 1/4 cawan bawang cincang
- 1 sudu teh garam
- 1/2 sudu teh daun thyme, dihancurkan
- 1/2 sudu teh marjoram, dihancurkan
- 1 secubit lada merah, dikisar
- 1 cawan lada benggala hijau, dibiji, dicincang
- 6 cawan stok ayam
- 2 paun udang, kupas, devein

ARAHAN:
a) Isi periuk bendi, bayam, lada hijau, bawang cincang, garam, marjoram, rosemary, bawang putih cincang, lada merah, dan stok ayam.
b) Biarkan mendidih.
c) Kecilkan api, tutup dan reneh selama 30 minit.
d) Masukkan santan dan udang.
e) Reneh selama 5 minit atau sehingga udang masak.
f) Hidangkan bersama hirisan limau nipis sebagai hiasan.

47. Pepperpot Stew Dari Guyana

Membuat: 6 Hidangan

BAHAN-BAHAN
- 2 paun kaki lembu, dipotong menjadi kepingan
- 2 sudu teh garam halal, dibahagikan tiga hala
- 6 ulas bawang putih sederhana, dikisar halus
- 4 biji wiri wiri segar
- 2 ½ sudu teh bouillon ayam, dibahagikan empat hala
- 1 paun ekor lembu dengan sendi yang dipisahkan
- 1 paun chuck daging lembu dalam tulang, dipotong menjadi kepingan
- 1 ¼ cawan cassareep, dibahagikan empat hala
- 21 tangkai thyme segar, dibahagikan tiga hala
- 24 ulas keseluruhan, dibahagikan tiga hala
- 3 batang kayu manis, dibahagikan tiga arah
- 2 sudu besar gula perang ringan
- 2 kuntum halia segar, kupas dan parut
- ½ buah pala keseluruhan, parut
- 1 jalur kulit oren

ARAHAN:
a) Masukkan garam dan bouillon ayam ke kaki lembu.
b) Satukan kaki lembu, ubi kayu, thyme, bunga cengkih, batang kayu manis, dan 4 cawan air dalam periuk tekanan. Masak tekanan selama sejam.
c) Tuangkan cecair memasak dan kaki lembu ke dalam ketuhar Belanda. Letak tepi.
d) Perasakan ekor lembu dengan bouillon ayam dan garam.
e) Dalam periuk tekanan yang sama, masukkan ekor lembu dengan kassareep, thyme, ulas keseluruhan, batang kayu manis dan 2 cawan air. Masak tekanan selama 30 minit.
f) Pindahkan ekor lembu yang telah dimasak dan cecair memasaknya ke dalam periuk dengan kaki lembu.
g) Masukkan garam dan ½ sudu kecil. bouillon ayam ke chuck daging lembu.
h) Satukan chuck daging lembu, cassareep, thyme, ulas keseluruhan, batang kayu manis, dan 3 cawan air dalam periuk tekanan yang sama.
i) Tekan masak selama tiga puluh minit.
j) Pindahkan chuck daging lembu yang telah dimasak dan cecair masaknya ke dalam periuk dengan kaki lembu dan ekor lembu.
k) Masukkan bawang putih kisar, lada wiri wiri, gula merah, halia parut, buah pala, kulit oren, dan baki ¼ cawan kassareep dan 1 sudu teh bouillon ayam ke dalam periuk dan kacau rata.
l) Reneh selama 15 minit.
m) Keluarkan dari haba, kemudian skim mana-mana lemak dari permukaan.
n) Hidangkan bersama roti.

48. Sup Pigeon Peas dengan Ladu

Membuat: 6 Hidangan

BAHAN-BAHAN
UNTUK LADU
- 1 cawan tepung
- ¼ cawan air

UNTUK SUP
- 28 auns kacang merpati beku
- 2 batang saderi, dicincang
- 1½ cawan labu potong dadu
- ½ cawan lobak merah dipotong dadu
- ½ cawan pisang hijau potong dadu
- 61 cawan ubi potong dadu
- 1 cawan kentang Ireland yang dipotong dadu
- cawan air
- 2 sudu teh gula
- 1-2 lada panas
- 1 cawan air + 4 sudu besar serbuk kelapa
- 2 tangkai thyme segar
- 4 biji cengkih
- 2 sudu kecil garam
- 2 sudu besar minyak sayuran

ARAHAN:
UNTUK LADU
a) Masukkan air ke dalam tepung dan gaul rata.
b) Bentuk menjadi bola.

UNTUK SUP
a) Letakkan periuk di atas api sederhana, masukkan minyak, dan kemudian masak bawang putih sehingga ia mula perang.
b) Kacau dalam kacang polong beku selama 5 minit.
c) Masukkan 2 cawan air dan biarkan mendidih.
d) Apabila daging sudah masak, masukkan tulang salai dan dua cawan lagi air panas.
e) Masak sehingga daging habis dan kacang peas cukup lembut untuk tumbuk menggunakan sudu.
f) Masukkan bahan tambahan—lobak merah, saderi, labu, pisang raja, bawang dan kentang—sebaik sahaja daging empuk.
g) Reneh selama 20 minit lagi.
h) Masukkan cengkih dan ladu dalam periuk.
i) Masukkan gula, garam dan lada sulah secukup rasa setelah ladu naik ke atas.
j) Hidangkan panas.

49.Stew daging lembu Puerto Rico

Membuat: 1 Hidangan

BAHAN-BAHAN
- 3 sudu besar Minyak sayuran
- 1½ paun Merebus daging lembu, dipotong menjadi kepingan
- 4 tangkai thyme segar
- 3 lobak merah, dicincang
- ½ paun Kacang hijau, dipotong, dibelah dua
- 4 daun salam
- 1 Bawang besar, dicincang
- 3 ulas bawang putih, cincang
- 1 sudu besar pasli segar yang dicincang
- 2 sudu besar tepung serba guna
- Dua tin 14½ auns sup daging lembu
- 2 cawan wain merah kering
- 4 biji kentang, potong memanjang menjadi empat
- Pasli segar yang dicincang

ARAHAN:
a) Dalam periuk besar dan berat, panaskan minyak dengan api yang tinggi.
b) Perangkan daging lembu secara berkelompok. Mengetepikan.
c) Masukkan bawang merah dan bawang putih dan masak selama lima minit.
d) Masukkan tepung, pasli, thyme, dan daun bay.
e) Kacau selama 2 minit.
f) Masukkan wain dan sup secara beransur-ansur.
g) Didihkan adunan kemudian masukkan kembali daging lembu ke dalam periuk.
h) Kecilkan api ke sederhana rendah, tutup periuk dan reneh selama 45 minit.
i) Masukkan kentang dan lobak merah.
j) Rebus selama kira-kira 30 minit, kacau secara berkala, sehingga daging dan sayur-sayuran masak.
k) Masukkan kacang hijau dan rebus selama 10 minit, atau sehingga kacang masak dan sos sedikit pekat.
l) Hidangkan dihiasi dengan pasli.

50. Sup Daging Labu

Membuat: 6 hidangan

BAHAN-BAHAN
- 16 cawan Air dibahagikan
- 1 paun daging lembu garam Bone-In Awet, dipotong menjadi kepingan
- 6 Biji Pimento Seluruh atau beri allspice
- 2 Ulas Bawang putih besar, ditumbuk
- ½ paun labu dipotong dadu
- 2 paun Beef Shank dipotong menjadi kepingan dengan tulang atau daging lembu rebus
- 1 lobak merah besar, dikupas dan dihiris
- ¼ paun Keladi Kuning dipotong dadu
- 4 Tangkai Thyme
- 2 tangkai daun bawang hijau, ditumbuk
- ¼ paun Coco Yam dipotong dadu
- 2 Scotch Bonet Peppers pilihan
- ¼ sudu teh Lada Hitam Retak Segar
- ¼ paun lobak dipotong dadu
- ½ Chocho, dikupas dan dihiris
- 6 Biji Tepung
- 1 pek Campuran Sup Daging Labu

LADU TEPUNG
- ½ cawan Air
- 1 cawan Tepung Serbaguna
- ¼ sudu teh Garam

BAHAN-BAHAN PILIHAN
- jagung
- Keladi, Kentang, Keledek, Dasheen, Eddo dan Ubi Kayu

ARAHAN:

LADU TEPUNG

a) Dalam mangkuk adunan sederhana, masukkan tepung dan garam kemudian masukkan air secara beransur-ansur dan gunakan tangan anda untuk menguli dan membentuk doh untuk ladu.

b) Bentuk setiap bahagian menjadi bola, ratakan sedikit, dan lipat tepi doh ke tengah membentuk roda. Mengetepikan.

DAGING LEMBU

a) Masukkan air ke dalam periuk stok dan biarkan mendidih.
b) Masukkan daging lembu dan rebus selama kira-kira 20 minit.
c) Panaskan ½ cawan air dalam periuk stok yang sama.
d) Masukkan betis rebus, bawang putih, dan pimento.
e) Rebus selama kira-kira 45 minit, kemudian masukkan labu.
f) Masak selama kira-kira 45 minit atau sehingga labu empuk dan daging lembu empuk.
g) Masukkan 4 cawan air dan teruskan mendidih.
h) Masukkan baki bahan segar termasuk ladu dan kecilkan api kepada sederhana.
i) Masukkan Campuran Sup Daging Labu, garam, dan lada hitam.
j) Reneh selama 30 Minit lagi.
k) Buang lada bonet scotch dan tangkai thyme.

51.Sup Labu

Membuat: 3 cawan

BAHAN-BAHAN:
- 1½ cawan Air Rebusan Ayam
- 1 cawan Pure Labu
- ½ sudu teh Halia Kisar Baru
- 2 ulas Bawang Putih Panggang, dikisar
- ½ sudu teh garam
- ½ sudu teh Lada
- ¼ sudu teh Kayu Manis
- 4 sudu besar Mentega
- ½ cawan Krim Berat
- 4 keping Bacon
- ¼ bawang, dicincang
- ¼ sudu teh Ketumbar
- 1/8 sudu teh Pala
- 1 Daun Bay
- 3 sudu besar Bacon Grease

ARAHAN:
a) Letakkan mentega dalam periuk yang besar dengan api perlahan dan biarkan ia cair dengan sempurna.
b) Masukkan bawang besar, halia, dan bawang putih dan kacau rata.
c) Biarkan ini menumis selama dua hingga tiga minit, atau sehingga bawang menjadi lut sinar.
d) Masukkan rempah ke dalam kuali dan biarkan mereka masak selama 1-2 minit.
e) Kacau bawang, rempah, dan puri labu dengan baik dalam kuali.
f) Masukkan 1½ cawan air rebusan ayam ke dalam kuali.
g) Didihkan, kecilkan api, dan reneh selama 20 minit.
h) Denyutkannya dengan pengisar rendaman.
i) Masak selama 20 minit lagi.
j) Sementara itu, masak 4 keping daging dengan api sederhana.
k) Apabila sup selesai dimasak, tambahkan ½ cawan krim kental dan minyak bacon.
l) Gaul sebati.
m) Taburkan bacon yang telah hancur di atas sup.
n) Hidangkan dengan 2 sudu besar krim masam dan pasli.

52.Rabbit dan rebusan kacang tanah

Membuat: 6 hidangan

BAHAN-BAHAN:
- 2 auns Daging babi garam, potong dadu
- 2½ paun daripada Daging arnab, dibersihkan dan dipotong menjadi kepingan
- ¼ sudu teh Marjoram tanah
- 1 tangkai pasli
- garam
- 1 Bawang besar, dicincang
- 1 ulas bawang putih, cincang
- 2 cawan Stok ayam
- ½ cawan Mentega kacang
- ¼ sudu teh Buah pala dikisar
- 1 daun salam
- ¼ sudu teh Thyme tanah
- Lada
- 2 biji cili Serrano
- Sos lada panas

ARAHAN:
a) Cairkan daging babi garam dalam periuk.
b) Tanggalkan kerisik dan masak arnab dalam lemak cair.
c) Masukkan bawang besar dan bawang putih, kemudian masak sehingga lembut.
d) Masukkan stok bersama daun bay, thyme, marjoram, pasli, garam dan lada sulah secukup rasa.
e) Masak arnab yang ditutup dengan api perlahan sehingga ia lembut, kira-kira 1 jam.
f) Toskan 2 cawan cecair masak.
g) Kisar atau proses 1 cawan dengan cili, mentega kacang, dan buah pala sehingga halus.
h) Masukkan cawan kedua cecair masak, kemudian renehkan adunan mentega kacang selama 15 minit.
i) Masukkan kepingan arnab dan masak selama 3 minit.

53. Red sup kacang

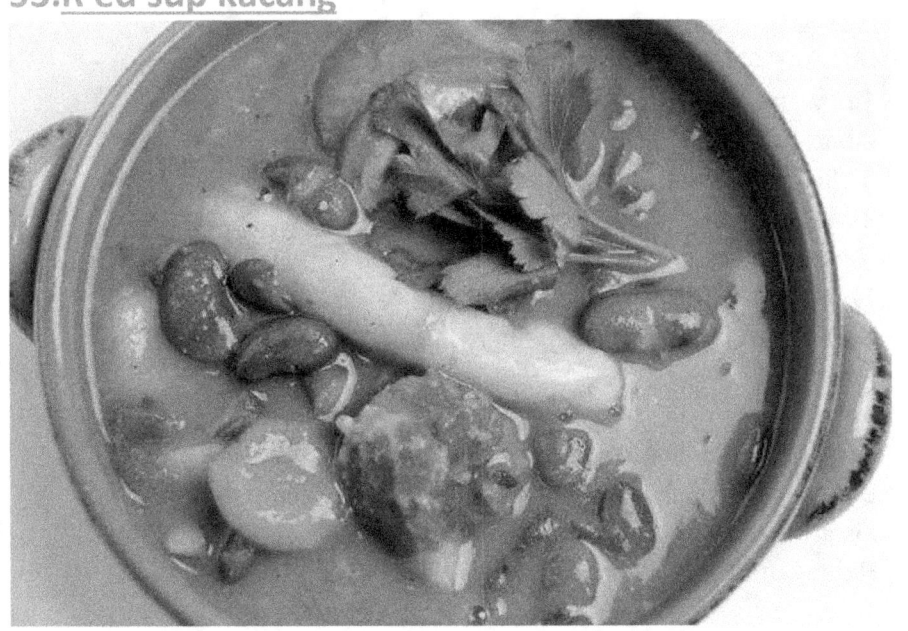

Membuat: 8 Hidangan

BAHAN-BAHAN
- 1 bawang, dicincang
- 2 batang saderi, dicincang
- 6 biji Serrano atau Jalapeno cili, dicincang
- 2 cawan kacang ginjal kering
- ¼ paun garam babi
- 1½ liter Air
- Garam dan lada sulah secukup rasa

ARAHAN:
a) Satukan bahan dalam periuk perlahan.
b) Didihkan, kemudian kecilkan api dan reneh selama tiga jam.
c) Kisar hingga rata dan kemudian tapis.
d) Hidangkan sup panas dari dapur.

54.Sup Kacang Merah

Membuat: 6 hidangan

BAHAN-BAHAN
- 1 paun Hock ham salai, dicincang dan direndam semalaman
- 2 cawan kacang buah pinggang, kering
- 4 liter Air
- 1 Lada panas
- garam
- 1 Bawang besar, dicincang
- 2 bawang hijau, dicincang
- 1 paun Daging lembu rebus, dipotong dadu
- 4 biji kentang kecil, kupas dan potong dadu
- ½ cawan santan, pilihan
- 1 tangkai thyme segar

ARAHAN:
a) Satukan daging lembu, kacang ginjal kering, dan air dalam periuk berat.
b) Tutup dan reneh daging lembu dan kacang selama 1 jam dengan api sederhana.
c) Masukkan bawang, daun bawang, thyme, lada panas, kentang, santan, dan sayur-sayuran akar lain yang dikupas atau ladu.
d) Perasakan dengan garam, dan rebus selama 1 jam.
e) Sebelum dihidangkan, keluarkan tangkai thyme dan lada panas keseluruhan.

55.Sup Lada Panggang & Timun

Membuat: 4 hidangan

BAHAN-BAHAN
- 4 biji timun, potong kecil
- 2 lada manis hijau
- 1 sudu besar perasa hijau
- 1 bawang, dikupas dan dicincang
- ½ sudu teh sos lada
- Garam dan lada hitam
- ½ cawan krim berat
- 1 sudu teh pasli cincang
- 3 ulas bawang putih
- 1-auns mentega
- 4 bilah kucai
- 5 cawan air atau stok

ARAHAN:
a) Bakar lada di atas panggangan panas.
b) Kupas lada, potong dan keluarkan bijinya.
c) Satukan timun dengan bawang besar, bawang putih, perasa hijau, daun kucai, air atau stok, sos lada, dan sedikit garam dan lada sulah dalam periuk besar.
d) Rebus selama 10 hingga 15 minit.
e) Masukkan mentega dan lada panggang, dan reneh selama 2 minit lagi.
f) Haluskan adunan sup secara berkelompok sehingga licin.
g) Masukkan semula sup ke dalam periuk.
h) Gaul rata selepas menambah krim.
i) Hidangkan dengan beberapa pasli cincang di atas.

56.S udang dan sup labu

Membuat: 4 hidangan

BAHAN-BAHAN
- 2 biji bawang, dihiris
- 2 lobak merah, dihiris nipis
- 1 sudu besar ketumbar segar dicincang
- 2 sudu teh halia segar parut
- 2 ulas bawang putih, dikisar
- ½ sudu teh lada sulah
- 2 sudu besar minyak zaitun
- 14-auns tin air rebusan ayam
- 15-auns tin labu
- 1½ cawan Susu Kurang Lemak
- Bungkusan 8 auns udang masak beku, dikupas dan dibuang, dicairkan
- Udang segar dalam cengkerang, dikupas, dibuang, dan dimasak
- Daun kucai segar dicincang

ARAHAN:
a) Masak bawang, lobak merah, ketumbar, halia, bawang putih, dan lada sulah dalam minyak yang dipanaskan dalam periuk dengan api sederhana selama 14 minit, atau sehingga sayur-sayuran lembut.
b) Pindahkan adunan ke dalam mangkuk pemproses makanan.
c) Masukkan ½ cawan air rebusan ayam.
d) Proses sehingga hampir licin.
e) Satukan labu, susu, dan baki sup dalam periuk yang sama.
f) Masukkan 8 auns udang dan campuran sayur-sayuran, dan masak.
g) Tuangkan sup ke dalam pinggan.
h) Hiaskan dengan daun kucai yang dihiris.

57.Slow Cooker rebusan trout

Membuat: 4 hidangan

BAHAN-BAHAN
- 4 ikan trout
- 1 sudu teh lada sulah
- 1 sudu kecil paprika
- 1 sudu kecil ketumbar
- 2 sudu besar minyak zaitun
- 6 biji bawang besar, dihiris tebal
- 1 lada merah, dicincang
- 2 biji tomato, cincang kasar
- 1 sudu kecil cili kering
- 1 sudu teh thyme
- 1 cawan stok ikan
- garam dan lada sulah secukup rasa
- roti untuk dihidangkan

ARAHAN:
a) Satukan rempah dan taburkannya ke atas trout.
b) Masukkan trout ke dalam minyak panas dalam kuali dan masak sehingga keperangan.
c) Susun dalam periuk slow cooker.
d) Masukkan bahan-bahan yang tinggal, bersama-sama dengan mana-mana rempah yang tinggal, dan biarkan mendidih.
e) Masak trout selama dua jam.
f) Hidangkan bersama roti.

58.Soup Joumou dalam Stockpot

Membuat: 10–12

BAHAN-BAHAN
- 1 cawan ditambah 1 sudu besar cuka putih suling, dibahagikan
- 1 paun betis lembu, dipotong dadu dan dibilas dalam cuka
- 2 lobak, dicincang halus
- 1 bonet Scotch hijau atau habanero chile
- 1 paun daging lembu rebus, dipotong dadu dan dibilas dalam cuka
- 1 cawan Asas Perencah Epis
- 1 labu calabaza sederhana, kupas dan potong dadu
- 3 biji kentang russet, dicincang halus
- 3 sudu besar jus limau nipis segar
- 1 sudu besar garam perasa
- 15 cawan sup daging lembu atau sayur-sayuran, dibahagikan
- 1 paun tulang lembu
- 3 lobak merah, dihiris
- ½ kubis hijau, dihiris sangat nipis
- 1 biji bawang, dihiris
- 1 batang saderi, cincang kasar
- 1 bahagian daun bawang, putih dan hijau pucat sahaja, dicincang halus
- 1 tangkai thyme
- 2 sudu besar minyak zaitun
- 1½ cawan rigatoni
- 6 ulas keseluruhan
- 1 sudu kecil serbuk bawang putih
- 1 sudu kecil serbuk bawang
- 2 ½ sudu teh garam halal, ditambah lagi
- ½ sudu teh lada hitam yang baru dikisar, ditambah lagi
- Secubit lada cayenne, tambah lagi
- 1 tangkai pasli
- 1 sudu besar mentega tanpa garam

UNTUK BERKHIDMAT
- Roti berkerak

ARAHAN:
a) Satukan jus limau nipis, garam perasa, dan Asas Perencah Epis.
b) Masukkan daging lembu, dan perap sekurang-kurangnya 30 minit atau semalaman.
c) Dalam periuk stok, panaskan 5 cawan sup dengan api sederhana.
d) Masukkan daging lembu dan tulang yang telah diperap, tutup periuk dan reneh selama kira-kira 40 minit.
e) Masukkan labu dalam periuk di atas daging lembu, tutupnya, dan masak selama 20 hingga 25 minit, atau sehingga garpu lembut.
f) Pindahkan Skuasy ke dalam pengisar. Masukkan 4 cawan air rebusan, dan puri hingga rata.
g) Bawa kembali ke dalam periuk dan reneh.
h) Masukkan baki 6 cawan sup, kentang, lobak merah, kubis, bawang, saderi, daun bawang, lobak, cili, rigatoni, ulas, serbuk bawang putih, serbuk bawang, garam, lada sulah, secubit cayenne, dan sayur-sayuran yang tinggal.
i) Reneh selama 30 minit.
j) Masukkan minyak, mentega, dan sudu terakhir cuka.
k) Rebus selama 15-20 minit tambahan pada api sederhana rendah, atau sehingga daging lembu sangat empuk.
l) Hidangkan sup dalam mangkuk dengan roti di sebelah.

59. Souse

Membuat: 2

BAHAN-BAHAN
- 6 keping kaki babi, tekanan masak bersama ulas bawang putih dan sedikit garam
- 1 sudu besar Garam
- 3 cawan Air
- 1 sudu besar daun Thyme dicincang
- 3 Ulas Bawang putih dikisar atau dicincang
- 2 sudu besar jus limau nipis/lemon segar
- keseluruhan lada panas segar
- 1 sudu besar Parsley dicincang
- 1 kepala Daun bawang dihiris

ARAHAN:
a) Satukan air, lada sulah, daun bawang, bawang besar, bawang putih, garam, jus limau nipis, dan pasli dalam mangkuk.
b) Dengan menggunakan sudu, tekan bahan perlahan-lahan pada sisi mangkuk untuk membantu mereka bergabung dan menyebarkan rasa mereka.

60. Sup Kacang Belah

Membuat: 6 Hidangan

BAHAN-BAHAN
- 1 paun kacang pis kuning, dibilas
- 1 biji bawang
- 1 sudu teh thyme kering
- ½ sudu teh serpihan lada merah
- 2 ulas bawang putih dikisar
- 15 auns santan
- 2 setiap daun bay
- 1 sudu teh oregano kering
- 1 sudu besar Kari Madras
- 1 cawan kentang cincang
- ¼ sudu teh lada cayenne pilihan
- 2 setiap satu Satu lada benggala kuning manis dan satu lada benggala oren manis dipotong dadu
- 6 cawan Sup sayur Jika anda bukan vegan, anda boleh menggunakan sup ayam.
- 1 paun Ubi Kayu/Yuca, dicincang

ARAHAN:
a) Letakkan periuk besar di atas api sederhana dan masukkan bawang cincang.
b) Masukkan beberapa ulas bawang putih yang dikisar.
c) Tumis bersama bawang sehingga menjadi lut sinar.
d) Masukkan daun bay, oregano, thyme, kepingan lada merah, kari madras, lada benggala kuning dan oren yang dipotong dadu, dan sup sayur-sayuran semasa bawang dan bawang putih sedang mendidih. Gaul sebati.
e) Masukkan kacang pis kuning.
f) Tambah tiga keping ubi kayu, atau yuca.
g) Masukkan santan dan kacau.
h) Masak kacang pis di atas api perlahan selama 10-15 minit tambahan, atau sehingga ia lembut dan lembut.

61.Sup Skuasy

Membuat: 4 hidangan

BAHAN-BAHAN:
- 1 bawang, dikupas dan dicincang
- 1 lobak merah, dikupas dan dicincang
- 1 jalapeño, lada, biji dikeluarkan, dicincang halus
- 1 labu spageti, kupas dan potong dadu
- 3 cawan stok ayam
- 3 sudu besar mentega
- 2 sudu teh jintan kisar
- 2 sudu teh ketumbar kisar
- ½ sudu teh kayu manis tanah
- ½ sudu teh lada cayenne
- ½ sudu teh serbuk cili
- Jus 1 oren
- Jus 1 biji limau purut

KRIM IKAN IKAN
- 4 sudu besar krim masam
- garam
- 3 biji cili padi, dibelah dua, ditangkai dan dibiji
- 6 sudu besar susu badam
- Lada
- Jus limau nipis secukup rasa

ARAHAN:

a) Dalam periuk berat, tumis bawang, lobak merah, dan lada Jalapeno dalam mentega sehingga lembut.
b) Perasakan dengan jintan manis, ketumbar, kayu manis, cayenne, dan serbuk cili.
c) Masukkan labu dan masak selama dua minit tambahan dengan api perlahan sebelum menambah stok, jus oren dan jus limau ke dalam adunan.
d) Reneh selama kira-kira setengah jam, atau sehingga labu lembut. Benarkan penyejukan.
e) Tulen campuran dalam pemproses makanan atau dengan pengisar rendaman.
f) Kembalikan sup ke dalam kuali, dan perasakan dengan garam dan lada sulah.
g) Kacau dalam Ancho Cream.
h) Hiaskan dengan krim masam yang telah dicairkan dengan beberapa krim kental.

62.S kuah dan rebusan kentang

Membuat: 6 hidangan

BAHAN-BAHAN:
- 3 Bawang besar, dihiris halus
- 1 cawan Sup sayur
- 1 ulas bawang putih, dikisar atau ditekan
- Dua tin 16 auns kacang hitam, toskan
- 2 biji limau purut, potong serong, untuk hiasan
- ½ sudu teh Serpihan lada merah kering
- ½ sudu teh Lada sulah yang dikisar
- 16-auns tin tomato
- 1 labu butternut, dikupas, dibiji, dan dipotong menjadi kepingan
- 1 paun Kentang Idaho, dikupas dan dipotong menjadi kepingan
- Lada secukup rasa

ARAHAN:
a) Tumis bawang dalam cuka balsamic.
b) Masukkan bahan-bahan yang tinggal, tidak termasuk limau, pasli, dan kacang hitam.
c) Tutup kuali dan reneh selama 20 minit dengan api sederhana rendah.
d) Masukkan kacang hitam dan panaskan selama 10 minit sebelum dihidangkan.
e) Hidangkan bersama sebiji limau nipis untuk bahagian atasnya.

63. Calaloo rebus

Membuat: 3 hidangan

BAHAN-BAHAN:
- 1 cawan santan
- Daun callaloo dicincang
- 3 sudu besar minyak sayuran
- Garam, dan lada sulah secukup rasa
- 2 ulas bawang putih kisar
- 2 biji bawang
- Sos lada panas

ARAHAN:
a) Dalam periuk, panaskan minyak.
b) Masukkan bawang besar dan bawang putih yang dikisar.
c) Masukkan daun callaloo , dan gaul hingga layu dan dilumuri minyak.
d) Masukkan santan , dan reneh selama 5 minit .
e) Perasakan dengan garam dan lada sulah dan hidangkan .

64. Kacang Rebus Dengan Santan

Membuat: 6 hidangan

BAHAN-BAHAN
REBUS KACANG
- 2 cawan kacang merah kering, direndam semalaman
- 6 cawan air
- 1-14 auns tin santan
- 1 bawang, dicincang
- 2 ulas bawang putih, dikisar
- 2 sudu teh garam, atau secukup rasa
- ½ sudu teh thyme kering, atau 1 tangkai segar
- 1 lobak merah sederhana, dipotong menjadi syiling
- 1 batang lada Scotch Bonnet utuh, atau ¼ sudu teh lada cayenne
- ¼ sudu teh halia segar, parut
- ¼ sudu teh lada sulah atau 6 buah beri
- 1 batch ladu/pemutar

LADU/PEMILIH
- ½ cawan tepung
- ¼ cawan air sejuk
- ¼ sudu teh garam

ARAHAN:
UNTUK STEW PEAS
a) Masukkan air ke dalam periuk, dan masak kacang sehingga mendidih.
b) Rebus kacang selama 1 jam, atau sehingga ia lembut.
c) Masukkan santan, lobak merah, bawang besar, dan bawang putih.
d) Masukkan pemutar, thyme, dan perasa lain, dan masak selama 30 minit lagi.
e) Sebelum dihidangkan, masukkan lada.
f) Sedap bila ditemani dengan salad dan nasi perang!

UNTUK LADU
a) Satukan garam dan tepung dalam mangkuk.
b) Untuk membuat doh yang keras, tambah air dan satukan.
c) Bentuk ladu yang panjang dan nipis, picit kepingan kecil doh, dan gulungkannya di antara tapak tangan anda.
d) Masukkan ke dalam rebusan yang mendidih.

65. Rebus ikan masin

Membuat: 6

BAHAN-BAHAN
- 12 auns ikan kod/bacalao masin
- 1 biji bawang, dihiris nipis
- 1 tomato daging lembu, potong dadu
- 1 lada benggala, dicincang
- 2 sudu besar minyak sayuran
- 3 lada pimento, dicincang
- 1 lada panas, dicincang
- ¼ sudu teh lada hitam
- 4 ulas bawang putih, ditumbuk
- 4 bilah ketumbar, dicincang
- 1 batang saderi, dihiris
- 2 daun bawang, dicincang
- 1 sudu besar kepingan thyme
- Secubit Garam

ARAHAN:
a) Tutup ikan masin dengan air dan biarkan ia rendam selama lebih kurang 20 minit, toskan airnya.
b) Panaskan minyak dalam periuk.
c) Tambah sayur-sayuran cincang anda, termasuk lada panas, lada pimento, bawang putih, bawang merah, saderi, dan daun bawang.
d) Masukkan ikan masin ke dalam periuk.
e) Masukkan baki ketumbar, tomato, dan lada hitam.
f) Selepas lima minit memasak lagi, keluarkan dari api.

66. Sup Nasi Choka Tomato

Membuat: 4 hidangan

BAHAN-BAHAN
- 3 biji tomato
- 1 biji bawang
- 4 ulas bawang putih
- 2 sudu besar minyak zaitun
- 4 cawan stok ayam
- ¼ lada bonet scotch
- 1 cawan beras perang rebus
- 1 sudu besar pasli cincang
- ¼ sudu teh lada hitam
- ¼ sudu teh garam
- ½ sudu teh thyme
- 1 sudu besar pes tomato
- ½ sudu teh gula perang
- secubit ketumbar kisar

ARAHAN:

a) Lepuh tomato masak, dan lada bonet scotch hijau keseluruhan di atas panggangan selama kira-kira 2-3 minit, dan tomato selama kira-kira 20-30 minit.
b) Apabila ia cukup sejuk untuk dikendalikan, keluarkan kulit yang hangus dan potong kasar.
c) Panaskan minyak zaitun, dan perlahan-lahan tumis bawang besar dadu, thyme, dan bawang putih selama kira-kira 4 minit.
d) Masukkan pes tomato dan masak selama 2-3 minit lagi.
e) Sekarang besarkan api dan masukkan semua bahan lain kecuali nasi. Biarkan mendidih.
f) Masukkan beras, dan reneh selama 20-25 minit.
g) Teratas dengan sedikit pasli cincang dan hidangkan bersama roti.

67.Sup Lentil tomato

Membuat: 6 hidangan

BAHAN-BAHAN
- 12 biji tomato, dicincang
- 1 sudu besar minyak zaitun
- 2 biji bawang, dicincang halus
- 4-6 ulas bawang putih, ditumbuk
- 2 cawan sos tomato
- 1 cawan lentil
- 4 cawan stok sayur
- 1 sudu kecil serbuk kari
- 1 sudu kecil jeera
- ½ sudu teh ketumbar
- ¼ cawan pes tomato
- Garam dan lada sulah secukup rasa
- ½ cawan krim berat
- Secubit lada cayenne
- 2 sudu teh gula
- 2 cawan air

ARAHAN:
a) Rebus lentil dalam periuk air selama sekurang-kurangnya 30 hingga 35 minit, atau sehingga kacang empuk.
b) Panaskan minyak dalam periuk, masukkan bawang, dan masak selama 2 minit.
c) Masukkan bawang putih, serbuk kari, jeera, dan ketumbar, dan reneh selama 2-3 minit.
d) Satukan lentil, tomato, sos tomato, pes tomato, dan perasa dengan bawang.
e) Masukkan air dan stok, kemudian biarkan mendidih.
f) Reneh selama 30 minit, atau sehingga tomato hancur, dan perasakan dengan gula, garam, dan cayenne, secukup rasa.
g) Masukkan krim, pukul, dan hidangkan.

68. Kuning Yam sup

Membuat: 4 Hidangan

BAHAN-BAHAN:
- 2 lada benggala merah, dibakar, dibiji dan dikupas
- ⅓ cawan Lada benggala merah dan kuning, potong dadu
- 1 sudu besar Sos Cili Bawang Putih
- 1 sudu kecil Lada jalapeno cincang
- 3 Keladi, dikupas, dihiris, dan direbus
- 4½ cawan Sup sayur-sayuran natrium rendah, dinyahlemak
- 2 sudu besar Ketumbar segar cincang

ARAHAN:
a) Kisar atau proses bahan-bahan dalam pemproses makanan sehingga licin sepenuhnya.
b) Panaskan adunan dalam periuk dengan api sederhana.
c) Masak selama 2 minit, sambil kacau sekali-sekala.
d) Hidangkan panas.

HIDANGAN UTAMA

69. Sotong panggang

BAHAN-BAHAN:
- 8 oz sotong
- 3 sudu teh minyak zaitun
- 1 sudu teh caper kecil
- 1 sudu teh paprika
- Sentuhan oregano
- Garam secukup rasa
- 1 biji bawang

ARAHAN:
a) Potong sotong dalam kepingan kecil.
b) Satukan semua bahan kecuali bawang besar dan paprika di atas griddle.
c) Masak sehingga sotong berwarna emas.
d) Keluarkan sotong dari griddle, masukkan ke dalam kuali kemudian masukkan paprika dan bawang besar yang dihiris halus dengan sedikit minyak zaitun lagi.
e) Keluarkan dari kuali dan nikmati dengan bahagian kegemaran anda.

70. Ayam Jeruk

BAHAN-BAHAN:
- 1 sudu besar buah allspice, dikisar kasar
- Dua 3 ½ – 4 paun ayam, kaki dan peha
- 1 sudu besar lada yang dikisar kasar
- 1 bawang sederhana, dicincang kasar
- 1 sudu teh thyme kering, hancur
- 3 daun bawang sederhana, dicincang
- 1 sudu teh buah pala yang baru diparut
- 2 biji cili bonet Scotch, dihiris
- 1 sudu teh garam
- 2 ulas bawang putih, cincang
- ½ cawan kicap
- 1 sudu besar serbuk lima rempah
- 1 sudu besar minyak sayuran

ARAHAN:

a) Dalam pemproses makanan, satukan bawang, daun bawang, cili, bawang putih, serbuk lima rempah, lada sulah, lada, thyme, pala dan garam; proses menjadi pes kasar.

b) Semasa pemproses makanan dihidupkan, masukkan kicap dan minyak secara berterusan.

c) Tuangkan bahan perapan ke dalam pinggan yang besar dan cetek, masukkan ayam dan putar ke lapisan. Tutup dan sejukkan semalaman.

d) Bawa ayam ke suhu bilik sebelum meneruskan.

e) Nyalakan gril. Bakar ayam di atas api sederhana panas, putar sekali-sekala, sehingga perang dan masak, 35 hingga 40 minit.

f) Pindahkan ayam ke dalam pinggan dan hidangkan.

71. Tequila Lime Seafood Pinchos

BAHAN-BAHAN:
- 8 auns udang segar besar yang belum dikupas
- 8 auns isi ikan kerapu, potong 1 inci
- 8 auns fillet salmon, dipotong menjadi kepingan 1 inci
- 4 auns kacang salji segar
- 1 lada benggala merah besar, potong 1 inci
- 1/2 biji nanas, dikupas, dibuang inti, dan dipotong menjadi hirisan 1 inci
- 1/4 cawan jus limau segar
- 1/4 cawan tequila
- 3 sudu besar jus oren
- 2 sudu kecil bawang hijau dikisar
- 1 1/2 sudu teh cilantro segar yang dicincang
- 1 1/2 sudu teh Perencah Makanan Laut Limin' Times

ARAHAN:
a) Kupas udang, tinggalkan ekor; devein, jika mahu. Salut lidi logam 12 inci dengan semburan masak.
b) Udang, kerapu, salmon, kacang salji, lada benggala dan nanas secara berselang-seli pada lidi.
c) Letakkan kebab dalam hidangan cetek. Satukan kulit limau nipis dan 7 bahan seterusnya dalam mangkuk kecil; tuang atas kebab.
d) Tutup dan perap dalam peti sejuk 1 jam, pusing sekali-sekala. Keluarkan kebab dari perapan.
e) Bakar, dengan penutup tertutup, dengan api sederhana tinggi selama 6 hingga 7 minit pada setiap sisi atau sehingga ikan mengelupas dengan garpu.
f) Hidangkan segera.

72. Pinchos Udang Bawang Putih Sepanyol

BAHAN-BAHAN:
- 2 sudu besar Minyak Zaitun Extra Virgin
- 1 sudu kecil Adobo
- 2 ulas bawang putih, cincang halus
- ¼ sudu teh Lada Merah Ditumbuk
- 1 paun udang jumbo, dikupas dan dikeringkan
- 1 lada benggala hijau dan/atau merah besar dipotong menjadi kepingan 1 inci
- 1 biji lemon, potong 8 bahagian
- 4 cucuk sate

ARAHAN:
a) Dalam beg plastik atas zip, atau bekas plastik dengan penutup, campurkan minyak, adobo, bawang putih dan kepingan lada. Masukkan udang, toskan hingga sebati; pindahkan ke peti ais.

b) Sejukkan udang sekurang-kurangnya 15 minit, atau sehingga 30 minit. Keluarkan udang dari perapan; simpan sebarang cecair yang tinggal.

c) Masukkan lada, udang dan limau secara bergantian pada lidi, supaya setiap lidi bermula dan berakhir dengan lada dan mengandungi 4 ketul udang. Menggunakan berus pastri, sapu perapan yang telah dikhaskan pada udang dan sayur-sayuran.

d) Sediakan gril ke api sederhana tinggi, atau panaskan kuali gril bahagian bawah berat di atas api sederhana tinggi.

e) Letakkan udang di atas permukaan panas dan masak sehingga udang bertukar merah jambu dan legap, terbalikkan sekali, 3 – 5 minit.

73. Steak Berempah Rum dengan Rasa Nanas

BAHAN-BAHAN:
- 2 cawan nenas segar yang dicincang
- 1/2 cawan bawang merah potong dadu
- 2 sudu besar cili jalapeno merah dicincang
- 1 sudu besar daun kucai segar dikisar
- 1/4 sudu teh garam
- 1 sudu besar jus limau nipis
- 2 sudu besar sos Worcestershire
- 2 sudu besar minyak zaitun
- 1 sudu besar Perasa Grill Rempah Rum
- 4 stik jalur NY daging lembu tanpa tulang

ARAHAN:
a) Dalam mangkuk sederhana, satukan semua bahan lazat sehingga jus limau nipis. Biarkan selama 30 minit.
b) Dalam mangkuk kecil, kacau bersama sos Worcestershire, Rum Spice Grill Perencah dan minyak. Haba.
c) Tepuk stik hingga kering, sapu kedua-dua belah bahagian dengan campuran Worcestershire/Spice dan buang ke atas barbeku.
d) Taburkan dengan lada. Hidangkan dengan penuh nikmat.

74.Dada ayam Oren Bakar

Membuat: 4 Hidangan

BAHAN-BAHAN:
- 2 sudu besar jus oren segar; ditambah 2 sudu teh
- ¾ sudu teh kulit oren
- 2 sudu teh minyak zaitun
- 2 sudu teh jus limau nipis
- ¾ sudu teh halia segar; cincang
- 2 ulas bawang putih; cincang
- ⅛ sudu teh oregano segar; cincang
- 1 paun dada ayam tanpa kulit tanpa tulang; dibelah dua

ARAHAN:
a) Dalam pengisar, satukan semua bahan kecuali ayam.
b) Tuangkan bahan perapan ke atas dada ayam dan perap di dalam peti sejuk sekurang-kurangnya 2 jam atau sehingga 48 jam.
c) Bakar atau panggang ayam selama kira-kira 6 minit setiap sisi sehingga tiada kesan merah jambu yang tinggal.

75. Ikan todak jerk bakar

Membuat: 4 hidangan

BAHAN-BAHAN:
- 1⅓ paun stik ikan todak
- 4 sudu besar perapan Jerk
- 8 auns Bolehkah tidbits nanas, toskan, rizab jus
- 1½ cawan air rebusan ayam
- 1 cawan beras putih bijirin panjang
- 1 lada benggala merah kecil, dibuang biji, dihiris dadu
- 6 buah beri allspice keseluruhan
- 2 bawang hijau, dicincang
- 1 limau nipis, potong serong

ARAHAN:
a) Bilas ikan dalam air sejuk dan keringkan dengan tuala kertas. Sapu kedua-dua belah dengan perapan dan letak di atas pinggan. Mengetepikan.
b) Panaskan panggangan arang atau ayam pedaging.
c) Masukkan air rebusan ayam secukupnya ke dalam jus nanas yang dikhaskan untuk menyukat 2 cawan.
d) Kacau campuran kuahnya, nanas, beras, lada benggala dan lada sulah bersama dalam periuk sederhana dan biarkan mendidih dengan api yang tinggi.
e) Tutup, kecilkan api ke rendah dan reneh sehingga cecair diserap, 18-20 minit.
f) Ambil dari api dan biarkan berdiri sehingga sedia untuk dihidangkan; buang buah allspice.
g) Apabila nasi telah masak 12-15 minit, letakkan ikan di atas panggangan yang disapu sedikit minyak dan masak 3 minit. Balikkan dan masak sehingga ikan hampir tidak legap tetapi masih lembap di tengah.
h) Pukul nasi dengan garfu, kacau bawang hijau dan sudu ke pinggan individu. Pindahkan ikan todak ke dalam pinggan dan hiaskan dengan hirisan limau nipis.

76.Jeruk perut babi

Membuat: 4

BAHAN-BAHAN:
- 500g perut babi
- Garam laut halus atau garam halal

UNTUK PERAP JERK
- 1 tandan besar thyme, daun dipetik dan dibasuh
- 1 tandan besar ketumbar, basuh
- 6 bawang sederhana, dikupas dan dibelah empat
- 2 biji bawang putih keseluruhan, ulas dipisahkan dan dikupas
- 1 sudu besar lada sulah
- 1 sudu besar kayu manis
- 2 sudu teh buah pala
- 4 sudu besar kicap
- 6 biji cili bonet scotch, buang bijinya

ARAHAN:

a) Jika anda membuat perapan, campurkan semua bahan dalam pemproses makanan sehingga dicincang sangat halus dan licin. Ia kini boleh disimpan dalam balang bersih di dalam peti sejuk selama dua hingga tiga minggu; sebagai alternatif, bekukannya dalam dulang kiub ais, simpan dalam bekas plastik bertutup dan nyahbeku mengikut keperluan.

b) Sapukan seluruh kulit babi dengan pisau tajam dan gosok dengan bahan perapan, tutup dengan lapisan nipis secara rata. Pastikan untuk menambah garam jika perapan atau sapuan rempah anda belum memasukkannya; anda boleh menjadi agak murah hati jika menggunakan garam halal - kira-kira dua sudu besar harus melakukannya. Biarkan perap dalam peti ais semalaman.

c) Apabila anda sudah bersedia untuk memasak, panaskan barbeku dengan baik terlebih dahulu. Jika anda menggunakan barbeku gas, panaskan selama 20-30 minit sebelum memanggang; untuk barbeku arang batu, pastikan api telah padam dan mendapat cahaya yang indah itu.

d) Letakkan kulit babi di bahagian bawah pada bahagian paling sejuk barbeku - anda boleh mencipta zon panas dan sejuk dengan meletakkan satu sisi pada tetapan yang lebih rendah untuk gas atau dengan mengalihkan beberapa arang ke satu sisi untuk barbeku arang batu. Tutup dengan tudung dan biarkan garing selama 20-30 minit – perhatikan ia, kerana anda tidak mahu kulit melecur.

e) Setelah kulitnya garing, balikkan daging babi dan biarkan masak sehingga daging cukup empuk untuk dipecahkan dengan mudah menggunakan garpu. Ini sepatutnya mengambil masa kira-kira dua jam. Setelah masak, keluarkan, tutup dengan foil dan biarkan selama 30 minit.

77.Isi Tenggiri Bakar

Membuat: 4

BAHAN-BAHAN:
- 6 ulas bawang putih, dikupas
- 1 batang pisang atau 2 bawang merah merah jambu, dikupas dan dicincang kasar
- 2 biji bawang besar, basuh dan cincang kasar
- 4 tangkai thyme, daun dipetik
- 1 sudu teh ketumbar kering
- Jus ½ lemon
- 4 sudu besar minyak zaitun
- Garam dan lada sulah, secukup rasa
- 4 biji ikan tenggiri

ARAHAN:
a) Kisar semua bahan bar ikan dalam pemproses makanan sehingga anda mendapat perapan yang licin.
b) Keringkan ikan dan masukkan ke dalam pinggan yang cukup besar untuk menampung semua stik dalam satu lapisan.
c) Tuangkan perapan ke atas stik, pastikan untuk menyalut kedua-dua belah secara sama rata, dan ketepikan semasa anda memanaskan barbeku.
d) Jika anda menggunakan barbeku gas, panaskan selama 20-30 minit sebelum memanggang; untuk barbeku arang batu, pastikan api telah padam dan mendapat cahaya yang indah itu.
e) Bakar ikan di bahagian barbeku yang paling hangat selama tiga minit, kemudian putar dan masak di bahagian lain selama tiga minit lagi atau lebih.
f) Stik harus mudah mengelupas sambil mengekalkan ketegasannya.

78.Ikan Kakap Merah Bakar Caribbean

Membuat: 3

BAHAN-BAHAN:
- 1- 2 ekor ikan merah keseluruhan, kira-kira 1- 1 1/2 paun setiap satu
- garam dan lada sulah secukup rasa
- 1-2 biji limau segar
- 1 sudu teh lada putih kisar
- 1 sudu kecil lada sulah
- 1 Sudu besar ulas bawang putih, dikisar
- 1 sudu teh halia, dikisar
- 1 sudu kecil paprika
- 2 sudu teh thyme, dicincang halus
- ½ cawan basil, atau pasli, dicincang kasar
- 1 sudu teh atau lebih bouillon ayam , pilihan
- minyak masak , kira-kira ¼ cawan atau lebih untuk dicampur

ARAHAN:
a) Buat tiga hingga empat potongan pepenjuru pada setiap sisi ikan, sehingga melalui tulang.
b) Perasakan ikan dengan garam, lada sulah, dan perahkan sedikit lemon di atasnya. Mengetepikan.
c) Dalam mangkuk kecil, campurkan lada putih, lada sulah, bawang putih cincang, halia, paprika, thyme, basil atau pasli, bouillon ayam dan minyak untuk membuat perapan untuk ikan.
d) Tuangkan bahan perapan ke atas ikan, dan balik-balikkan perlahan-lahan sehingga bersalut dalam dan luar.
e) Biarkan ia perap dalam peti ais sehingga 24 jam.
f) Panaskan kepada api yang tinggi.
g) Apabila anda sudah bersedia untuk memanggang, sapu bakul panggangan dengan minyak dan kemudian segera letakkan ikan di dalam peti ikan.
h) Biarkan mereka memanggang selama kira-kira 1-2 minit pada setiap sisi.
i) Kurangkan kepada sederhana tinggi, dan kemudian tutup, jika menggunakan gril gas.
j) Lumur dengan perapan ikan.
k) Biarkan ikan masak selama 3-4 minit pada setiap sisi.
l) Semak kematangan dengan memastikan daging yang paling hampir dengan tulang telah masak sepenuhnya – potong dengan pisau untuk diperiksa.

79. Citrus Caribbean BBQ Babi Rusuk

BAHAN-BAHAN:
- 1 rak untuk tulang rusuk belakang bayi
- 1 oren segar, dibelah dua
- 1 botol Caribbean Jerk Marinade
- 1/2 sudu kecil pes cili
- 3 sudu besar kicap
- 3 sudu besar gula

ARAHAN:
a) Potong rak menjadi bahagian 4 rusuk. Didihkan periuk besar berisi air.
b) Potong oren separuh. Simpan 3 bahagian dan perahkan jus dari baki ke dalam mangkuk adunan yang besar. Masukkan jerkmarinade, pes cili, kicap dan gula, dan kacau sehingga sebati. Mengetepikan.
c) Panaskan ketuhar hingga 350ºF.
d) Sediakan pemanggang arang untuk memasak terus di atas tulang rusuk sederhana tinggi Rebus selama 15 minit kemudian letakkan pada helaian biskut beralaskan foil. Perahkan 3 bahagian oren ke atas daging dan taburkan garam dan lada bawang putih secara rata. Bakar selama 20 minit.
e) Letakkan tulang rusuk di atas panggangan dan masak selama 20-30 minit lagi, letakkan selalu dengan sos. Pastikan daging mencapai suhu dalaman sekurang-kurangnya 145ºF.
f) Keluarkan tulang rusuk dari panggangan dan tutup dengan kertas daging atau aluminium foil dan biarkan daging berehat selama 10-15 minit.
g) Hidangkan bersama sos tambahan untuk dicelup.

80. Mangalitsa Ham dengan Jerk Pineapple Glaze

Membuat: ham 6 paun,

BAHAN-BAHAN:
- 1 6 paun Holy Grail Mangalitsa Ham

UNTUK GLAZE
- 1-1/2 cawan gula perang gelap
- 1-1/2 cawan jus nanas
- 1 hingga 2 sudu besar perasa jerk Jamaica
- 1 biji nanas masak, dikupas, dibuang biji dan dipotong bersilang menjadi kepingan setebal 1/2 inci
- Minyak sayuran untuk meminyaki parut gril
- Ketulan kayu, sebaik-baiknya epal atau ceri; pisau tajam panjang; berus pastri

ARAHAN:
a) Sediakan pemanggang anda, seperti Telur Hijau Besar, untuk memanggang tidak langsung dan memanaskan hingga 350 darjah.
b) Gunakan pisau tajam untuk membuat corak silang pada permukaan ham.
c) Buat sayu: Satukan gula perang, jus nanas, dan perasa jer dalam periuk. Bawa ke a. rebus di atas api sederhana tinggi; kemudian kecilkan api ke sederhana dan masak sehingga sayu pekat dan sirap., 8 hingga 10 minit
d) Berus dan minyak parut gril. Tambah 3 atau 4 ketul kayu ke dalam arang. Letakkan ham di atas parut dan panaskan selama 30 minit.
e) Mulakan kaca ham selepas 30 minit, sapukan semula sayu pada selang 20 minit sehingga ham mencapai suhu dalaman 160 darjah, 2 1/2 hingga 3 jam.
f) Letakkan ham pada rak dawai di atas kuali lembaran berbingkai yang dialas dengan kerajang.
g) Sementara itu, panaskan gril anda hingga sederhana tinggi dan sapu hirisan nanas dengan sedikit sayu yang tinggal. Bakar selama 2 minit setiap sisi. Potong ham dengan pisau nipis panjang menjadi kepingan 1/4 inci.
h) Kayap di atas pinggan bersama-sama dengan nanas.
i) Hidangkan sebarang sayu yang tinggal di sebelah.

81.BBQ Lionfish dengan Oren dan Almond Slaw

Membuat: 4

BAHAN-BAHAN:
- 1 mentol besar adas, dihiris nipis
- 1 kobis kecil, dicincang
- 1 ulas bawang putih, dikisar
- 2 biji oren besar, dikupas dan dihiris
- 1 biji bawang merah kecil, hiris nipis
- ¼ cawan badam Caribbean
- 1 sudu teh garam halal
- ½ sudu teh lada hitam yang baru dikisar
- 3 sudu besar minyak zaitun
- 6 helai daun selasih segar, koyak
- 3 sudu besar jus lemon segar
- ½ sudu teh biji ketumbar ditumbuk
- 4 fillet ikan singa besar

ARAHAN:
a) Untuk Menyediakan Slaw Oren: Dalam mangkuk kecil, gabungkan adas dan kubis dengan bawang putih, hirisan dari 1 oren, bawang besar, badam, ½ sudu teh garam, ¼ sudu teh lada hitam, 2 Sudu besar minyak zaitun dan selasih yang baru koyak. Tutup dan sejukkan selama setengah jam.
b) Untuk Memasak Lionfish: Panaskan panggangan BBQ arang dan sapu dengan Sudu Besar minyak. Perasakan ikan singa dengan baki garam, lada sulah, dan biji ketumbar yang dihancurkan. Letakkan fillet ke dalam api terus dan panggang bahagian pertama selama 2 minit dan kemudian balikkan dengan teliti dan masak bahagian kedua selama 2 hingga 3 minit lagi sehingga masak.
c) Sudukan 2 hingga 3 Sudu makan selada oren ke atas pinggan. Letakkan ikan singa BBQ pada setiap busut. Hiaskan dengan baki kepingan oren.

82. Brisket Jerk Jamaica

BAHAN-BAHAN:
- 12 paun brisket
- 3 cawan perencah jerk
- 5 helai daun pimento atau daun salam
- 2 sudu besar beri allspice

ARAHAN:

a) Menggunakan pisau tajam, potong brisket, tinggalkan lapisan lemak sekurang-kurangnya 1/4 inci tebal. Berhati-hati agar tidak terlalu memotong. Lebih baik tersilap kerana terlalu banyak lemak daripada terlalu sedikit. Buat satu siri potongan sedalam 1/2 inci pada semua sisi daging menggunakan hujung pisau pengupas, putar bilah untuk melebarkan lubang.

b) Menggunakan spatula getah, sapukan brisket dengan perasa jerk pada semua bahagian. Paksa ke dalam lubang yang anda buat dengan pisau pengupas. Perap, bertutup, dalam peti sejuk selama sekurang-kurangnya 6 jam atau semalaman— lagi lama ia diperap, lagi kaya rasanya.

c) Nyalakan perokok, periuk atau gril anda mengikut arahan pengilang dan panaskan hingga 250°F. Tambah kayu seperti yang ditentukan oleh pengilang. Jika menggunakan perokok air, tambahkan daun pimento dan beri lada sulah ke dalam kuali air. Jika tidak, letakkan perasa ini dalam mangkuk logam atau kuali aluminium foil dengan 1 liter air suam dan letakkan mangkuk di dalam perokok.

d) Kikis lebihan perapan jerk dari brisket dengan spatula. Letakkan bahagian lemak dada ke atas dalam perokok. Jika menggunakan perokok offset, letakkan hujung yang lebih tebal ke arah kotak api. Masak brisket sehingga bahagian luar berwarna perang gelap dan suhu dalaman mencatatkan kira-kira 165°F pada termometer yang dibaca segera, kira-kira 8 jam. Isi minyak periuk anda mengikut keperluan, mengikut arahan pengilang.

e) Keluarkan brisket dari perokok dan bungkusnya dengan ketat dalam kertas daging. Kembalikan ke dalam periuk.

f) Teruskan memasak sehingga suhu dalaman sekitar 205°F dan daging sangat lembut apabila diuji, 2 hingga 4 jam lagi, atau mengikut keperluan.

g) Letakkan brisket jerk yang dibungkus dalam penyejuk bertebat dan biarkan ia berehat selama 1 hingga 2 jam.

h) Buka balutan brisket dan pindahkan ke papan pemotong yang telah disiram. Tuangkan sebarang jus yang terkumpul dalam kertas daging ke dalam mangkuk.

i) Potong brisket merentasi bijirin menjadi kepingan setebal 1/4 inci. Lapiskan kepingan ke atas gulungan yang telah dibakar,

j) jika dikehendaki. Tambah sebarang jus dari papan pemotong ke jus dalam mangkuk, sudukannya ke atas daging, dan hidangkan.

83. Ikan Singa Bakar Daun Pisang

Membuat: 4

BAHAN-BAHAN:
- 4 tangkai daun ketumbar segar
- 4 tangkai pasli daun rata segar
- 2 tangkai pudina segar
- 1 keping halia yang baru dikupas kulit sebesar ibu jari
- 1 cili Fresno merah kecil, dibiji
- 1 sudu teh garam halal
- ¼ sudu teh lada sulah
- ¼ sudu teh jintan halus
- ¼ sudu teh kayu manis tanah
- 1 ½ sudu besar cuka tebu
- 4 sudu besar minyak kacang tanah
- 4 helai besar daun pisang segar atau beku
- 4 fillet ikan singa besar
- 10 keping hati tapak tangan
- 1 biji limau nipis besar, potong serong

ARAHAN:

a) Untuk Menyediakan Pes Rempah: Dalam pengisar, satukan daun ketumbar, pasli, dan pudina bersama-sama dengan halia, cili, garam, lada sulah, jintan manis, kayu manis dan cuka. Denyut bersama sehingga terbentuk pes yang licin. Dengan pengisar berjalan pada kelajuan rendah, gerimis dalam minyak sehingga dimasukkan. Tuangkan adunan ke dalam mangkuk kecil dan biarkan perisa menjadi lembut bersama selama sekurang-kurangnya 30 minit.

b) Untuk Menyediakan Lionfish: Di kawasan kerja bersih yang besar, susun daun pisang. Menggunakan berus pastri, cat bahagian tengah setiap daun dengan pes rempah. Letakkan lionfish di tengah dan sapu ikan secara bebas dengan pes rempah. Teruskan melipat setiap berkas daun seperti bungkusan kecil dan selamatkan dengan pencungkil gigi buluh.

c) Untuk Memanggang Ikan: Panaskan panggangan dengan api sederhana. Gril api kayu akan menambah rasa paling banyak, tetapi gril gas akan melakukan kerja. Bakar lionfish yang dibalut daun pisang selama kira-kira 4 hingga 5 minit pada setiap sisi. Pada masa yang sama, panggang hati kelapa sawit, sapu setiap satu dengan pes rempah yang tinggal.

d) Buka bungkusan daun pisang dengan berhati-hati sambil dibiarkan di dalam daun untuk dihidangkan di atas pinggan berwarna-warni bersama-sama dengan hati panggang kelapa sawit.

84.Kelapa Spareribs

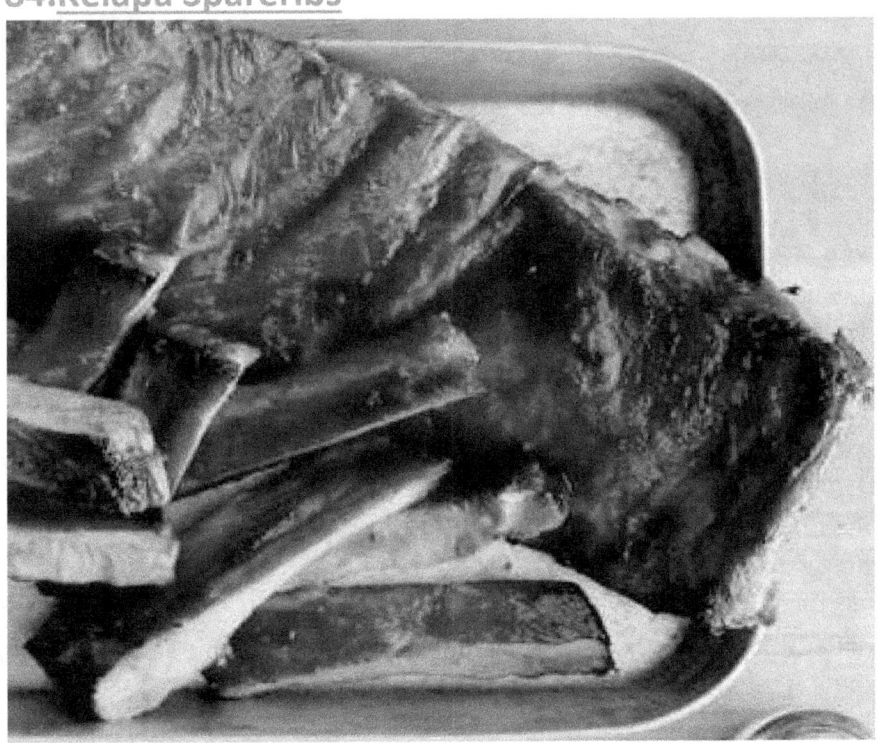

Membuat: 4 hidangan

BAHAN-BAHAN:
- 1 cawan wain beras Cina
- 1/2 cawan kicap
- 6 ulas bawang putih, dikisar
- 2 sudu besar halia segar parut
- 1/2 cawan madu kelapa
- 1/4 cawan sos hoisin
- 1 sudu besar serbuk lima rempah Cina
- Lada putih yang baru dikisar
- 2 rak sparerib gaya St. Louis
- garam

ARAHAN:
a) Pukul bersama wain beras, kicap, bawang putih, dan halia dalam mangkuk besar. Ketepikan untuk perap selama 10 minit.
b) Masukkan madu kelapa dan sos hoisin, kacau sehingga ia larut sepenuhnya. Masukkan serbuk lima rempah dan 1 sudu teh lada putih, dan pukul untuk memastikan semua bahan sebati.
c) Bilas sparerib dalam air sejuk dan keringkan dengan tuala kertas. Perasakan dengan garam dan lada putih, kemudian masukkan ke dalam bekas yang cukup besar untuk menampung perapan dan tulang rusuk dalam satu lapisan.
d) Tuangkan perapan ke atas rusuk dan tutup dengan bungkus plastik. Perap dalam peti ais semalaman.
e) Jika memasak tulang rusuk pada gril, panaskan gril pada sederhana tinggi dan sapu sedikit minyak pada rak gril. Letakkan tulang rusuk di atas panggangan, jauh dari api langsung, dan tutup. Masak, pusing sekali atau dua kali, sehingga tulang rusuk menjadi perang dan pejal apabila disentuh, 30 hingga 35 minit. Berus dengan perapan beberapa kali semasa memasak.
f) Jika memasak rusuk di dalam ketuhar, panaskan ketuhar hingga 325°F.
g) Letakkan tulang rusuk di atas dulang panggang yang telah digris sedikit atau kuali lembaran dengan sisi. Panggang selama 40 hingga 50 minit, perap dengan perapan 2 atau 3 kali, atau sehingga lembut dan masak.
h) Untuk menghidangkan rusuk, biarkan ia sejuk selama 5 minit dan kemudian, menggunakan pisau tajam, potong antara setiap tulang rusuk untuk memisahkannya.

85. Udang Bakar Atas Tebu

Membuat: 6 hingga 8 hidangan

BAHAN-BAHAN:

UNTUK UDANG:
- 2 paun udang yang lebih besar, dikupas dan dikupas, tinggal ekornya
- 1 bungkus batang swizzle tebu
- Garam kasar dan lada hitam yang baru dikisar
- 2 sudu besar minyak zaitun dara tambahan
- 2 sudu besar jus limau nipis yang baru diperah

UNTUK GLAZE:
- 1/4 cawan perencah jerk kegemaran anda
- 4 sudu besar mentega
- 4 rum gelap
- 2 sudu besar gula perang gelap
- 1 sudu besar jus limau nipis yang baru diperah

ARAHAN:

a) Sediakan udang dan perap: Bilas udang di bawah air sejuk yang mengalir, kemudian toskan dan keringkan dengan tuala kertas. Dengan menggunakan hujung pisau pengupas, buat dua lubang "pemula" - satu di bahagian atas dan satu di bahagian bawah - dalam setiap udang.

b) Sediakan lidi tebu: Menggunakan pisau tajam yang panjang, potong batang leret tebu menjadi panjang 3 inci, hiris dengan tajam pada pepenjuru untuk membuat mata tajam. Anda memerlukan satu lidi untuk setiap udang.

c) Masukkan udang ke lidi tebu, satu ke lidi. Susun dalam kuali kerajang dan perasakan dengan garam, lada sulah, minyak zaitun, dan jus limau nipis, putar udang untuk melapisi kedua-dua belah.

d) Buat sayu: Satukan perasa jerk, mentega, rum, gula perang dan jus limau nipis dalam periuk berat. Didihkan di atas api sederhana tinggi sehingga pekat dan sirap, kacau selalu.

e) Sediakan pemanggang untuk memanggang terus dan panaskan terlebih dahulu. Apabila siap masak, sapu dan minyak parut gril. Susun udang di atas parut dan panggangan panas, putar dengan penyepit, sehingga perang di luar dan padat dan merah jambu di dalam, kira-kira 2 minit setiap sisi. Sapu udang dengan sayu semasa mereka memasak.

f) Pindahkan udang ke pinggan hidangan atau pinggan. Sendukkan sebarang sayu rum yang tinggal di atas udang dan hidangkan sekaligus.

86. Babi Bakar Caribbean dengan Salsa Tropika

Membuat: 6 hidangan

BAHAN-BAHAN:
SALSA:
- 1 biji nanas kecil, dikupas, dibuang inti dan dipotong dadu
- 1 oren sederhana, dikupas dan dipotong dadu
- 2 sudu besar ketumbar segar, dicincang
- Jus setengah limau nipis segar

BABI:
- ½ sudu besar gula perang
- 2 sudu kecil bawang putih dikisar
- 2 sudu teh halia cincang
- 2 sudu teh jintan kisar
- 2 sudu teh ketumbar kisar
- ½ sudu teh kunyit
- 2 sudu besar minyak kanola
- 6 potong pinggang babi

ARAHAN:
a) Buat salsa dengan menggabungkan nanas, oren, ketumbar dan jus limau di dalam mangkuk. Mengetepikan. Boleh disediakan sehingga 2 hari lebih awal dan disejukkan.
b) Buat sapuan untuk daging babi: Dalam mangkuk kecil, satukan adunan gula perang, bawang putih, halia, jintan manis, ketumbar dan kunyit.
c) Sapu kedua-dua belah daging babi dengan minyak kanola dan sapu pada kedua-dua belah.
d) Panaskan barbeku hingga sederhana tinggi. Letakkan daging babi di atas panggangan selama kira-kira 5 minit setiap sisi atau sehingga masak pada suhu dalaman 160 °F.
e) Hidangkan setiap potong disertai dengan 1/3 cawan salsa.

87.BBQ escolar dengan keledek

Membuat: 1 Hidangan

BAHAN-BAHAN:
- 4 keping fillet Escolar

PERAP:
- ½ cawan jus lemon
- ¼ cawan minyak zaitun
- ¼ cawan bawang cincang
- 2 biji cili Poblano; diiris, dibiji dan dicincang kasar
- 2 sudu besar cuka balsamic
- 1 sudu besar Bawang putih dikisar
- 1 sudu besar cuka Malt
- 1 sudu kecil lada sulah
- 1 sudu teh pala dikisar
- 1 sudu kecil serbuk kari
- 1 sudu teh Garam
- 1 sudu kecil lada hitam dikisar

UBI KELEDEK:
- 2 biji keledek besar
- 1 sudu besar Madu
- 1 sudu teh kayu manis tanah
- 1 sudu teh pala dikisar
- Garam dan lada hitam yang baru dikisar

ARAHAN:
UNTUK PERAPIAN:
a) Kisar semua bahan dalam pemproses makanan sehingga rata.
b) Ketepikan ¼ bahan perapan untuk menyapu ikan semasa memanggang.
c) Tuangkan baki perapan ke dalam hidangan cetek, masukkan kepingan escolar dan perap di dalam peti sejuk selama kira-kira 6 jam.

UNTUK KENTANG MANIS:
a) Masukkan keledek ke dalam kuali dengan air sejuk untuk menutup, biarkan mendidih dan reneh sehingga kentang lembut, kira-kira 25 minit.
b) Apabila cukup sejuk untuk dikendalikan, kupas kulitnya.
c) Masukkan kentang ke dalam mangkuk besar dengan madu, kayu manis, pala, garam dan lada sulah secukup rasa dan pukul dengan pukul besar sehingga rata.

MEMANGGANG
a) Panaskan gril luar hingga sederhana tinggi.
b) Ambil escolar dari perapan dan panggang sehingga legap, 2 hingga 4 minit setiap sisi, sapu ikan secara bebas dengan perapan yang disediakan semasa memasak.
c) Untuk menghidang, letakkan satu sudu keledek di tengah setiap pinggan.
d) Hiaskan ubi keledek dengan sesudu pic kari.
e) Tetapkan escolar pada pic dan atas dengan slaw jicama sejuk.

88.Jamaican jerked bbq ribs

Membuat: 1 hidangan

BAHAN-BAHAN:
- 1 cawan Jerk Marinade
- 1 sudu besar Gula
- 2 sudu besar cuka wain merah
- 4 paun sparerib babi
- 1½ cawan sos barbeku

ARAHAN:
a) Satukan Jerk Marinade, gula, dan cuka.
b) Masukkan tulang rusuk dan putar hingga sebati.
c) Perap dalam peti ais sekurang-kurangnya 4 jam.
d) Sediakan api dalam gril. Tetapkan kuali titisan di tengah gril.
e) Letakkan tulang rusuk di atas panggangan di atas kuali titisan, dan masak selama 1½ jam, pusing dan gosok dengan kerap dengan bahan perapan.
f) Sapu rusuk dengan sos barbeku komersial selama 15 minit terakhir memasak.

89.Tuna bakar pedas, gaya cuban

Membuat: 1 Hidangan

BAHAN-BAHAN:
- ⅓ cawan minyak zaitun
- 1 sudu teh Garam
- 2 sudu teh lada cayenne
- ⅓ cawan jus lemon
- 3 ulas bawang putih besar, dikisar
- 3 biji Bawang merah besar, dikisar
- 2 sudu kecil jintan halus
- 1 tandan Cilantro, daun sahaja, dicincang halus
- 6 keping (6 auns) fillet tuna
- Minyak sayuran, untuk melincirkan gril
- Lemon wedges, untuk hiasan

ARAHAN:

a) Dalam mangkuk adunan kecil, satukan minyak zaitun, garam, lada cayenne, jus lemon, bawang putih, bawang merah, jintan putih, dan kira-kira ¾ ketumbar.

b) Letakkan isi ikan tuna dalam gelas besar atau hidangan seramik. Gosok jari anda ke atas ikan untuk memeriksa dan mengeluarkan sebarang tulang yang tinggal, dan tuangkan perapan ke atas tuna. Pastikan ikan disalut sama rata di kedua-dua belah dan perap selama 1 jam di dalam peti sejuk, pusing sekali.

c) Sapu panggangan atau kuali daging ayam dengan minyak sayuran dan panaskan pada api yang tinggi.

d) Bakar fillet selama 4 hingga 5 minit pada setiap sisi, sehingga masak mengikut keinginan anda. Hiaskan dengan baki ketumbar dan hirisan lemon.

SISI DAN SALADS

90.Manggo chow

Membuat: 4

BAHAN-BAHAN:
- ½ sudu teh garam laut
- ¼ sudu teh lada hitam
- 6 ulas bawang putih, kupas dan hiris nipis
- 2 biji bawang merah pisang, dikupas, dibelah dua dan dihiris nipis
- 2 biji mangga hijau
- 1 genggam kecil daun ketumbar, dicuci, dikeringkan dan dicincang
- Jus 1 lemon atau limau nipis
- 1 sudu teh cuka wain putih
- 1-2 tangkai cili dibuang biji dan dihiris nipis

ARAHAN:

a) Masukkan garam, lada sulah, bawang putih dan bawang merah ke dalam mangkuk.

b) Kupas mangga dan potong menjadi kepingan untuk mengeluarkan biji.

c) Hiris nipis setiap baji dan masukkan ke dalam mangkuk, dengan jus ketumbar, lemon atau limau nipis dan cuka.

d) Gaul rata dengan sudu untuk mengelakkan cili hangus tangan, kemudian rasa dan sesuaikan perasa.

e) Hidangkan segera atau biarkan berehat di dalam peti ais sekurang-kurangnya sejam sebelum dihidangkan.

91. Salad Bakar Cili

Membuat: 2 Bahagian

BAHAN-BAHAN:
- ¼ cawan mustard Dijon
- ¼ cawan madu
- 1½ sudu besar Gula
- 1 sudu besar minyak bijan
- 1½ sudu besar cuka sari apel
- 1½ sudu teh jus limau nipis
- 2 biji tomato sederhana, dipotong dadu
- ½ cawan bawang Sepanyol, dipotong dadu
- 2 sudu teh lada jalapeno
- 2 sudu teh Cilantro, dicincang halus
- secubit garam
- 4 bahagian dada ayam; tanpa tulang dan tanpa kulit
- ½ cawan air garam Teriyaki
- 4 cawan Iceberg salad, dipotong dadu
- 4 cawan daun salad hijau, dipotong dadu
- 1 cawan kobis merah, potong dadu
- 1 tin ketulan nenas dalam jus
- 10 kerepek Tortilla

ARAHAN:

a) Buat pembalut dengan mencampurkan semua bahan dalam hidangan kecil dengan pengadun elektrik. Tutup dan sejukkan.

b) Buat Pico de Gallo dengan menggabungkan semua bahan dalam hidangan kecil. Tutup dan sejukkan.

c) Perap ayam dalam teriyaki sekurang-kurangnya 2 jam. Masukkan ayam ke dalam beg dan tuangkan air garam, kemudian campurkan ke dalam peti sejuk.

d) Sediakan barbeku atau panaskan pemanggang dapur. Bakar ayam selama 4 hingga 5 minit setiap sisi atau sehingga siap.

e) Campurkan salad dan kubis, dan kemudian bahagikan sayur-sayuran kepada 2 hidangan salad Bahagian Individu yang besar.

f) Bahagikan pico de gallo dan tuangkan kepada 2 bahagian genap di atas sayur-sayuran.

g) Bahagikan nanas dan percikkan pada salad.

h) Pecahkan cip tortilla kepada kepingan besar dan percikkan separuh pada setiap salad.

i) Bahagikan dada ayam panggang menjadi jalur nipis, dan sapukan separuh jalur ke setiap salad.

j) Tuangkan dressing ke dalam 2 hidangan kecil dan hidangkan bersama salad.

92. Pisang Bakar

BAHAN-BAHAN:
- pisang raja
- Campuran Rempah
- Garam dan lada hitam

ARAHAN:
a) Kupas pisang.
b) Hiris di tengah kemudian potong dua.
c) Perasakan dengan garam dan sapu dengan campuran rempah.
d) Bakar pada setiap sisi selama kira-kira 3 minit sehingga masak sepenuhnya – perhatikan dengan teliti kerana ia mudah terbakar.

93. Mofongo Puerto Rico

BAHAN-BAHAN:
- 4 ekor pisang hijau, dikupas dan dipotong bulat
- 1 Cawan kerisik Babi
- Garam - secukup rasa
- 3 sudu besar minyak zaitun
- 3 hingga 5 ulas Bawang Putih yang dikisar

ARAHAN:
a) Rendam kepingan pisang raja dalam semangkuk air masin selama 15 hingga 30 minit.
b) Toskan dengan baik dan keringkan.
c) Panaskan minyak dalam kuali atau kuali dengan api sederhana.
d) Bekerja secara berkelompok, tumis hirisan pisang raja sehingga masak tetapi belum keperangan, 10 hingga 12 minit.
e) Masukkan pisang raja, bawang putih dan sedikit minyak zaitun ke dalam mortar atau mangkuk besar dan tumbuk dengan alu atau penumbuk kentang sehingga agak rata. (Sebagai alternatif, nadi dengan pemproses makanan.)
f) Masukkan kerisik babi dan garam secukup rasa.
g) Dengan menggunakan tangan yang dibasahi, bentukkan bebola 3 inci atau timbun di atas pinggan dan hidangkan hangat.

PENJERAHAN

94. Nanas Bakar dan Rum

BAHAN-BAHAN:
- Mentega
- Hirisan atau ketulan nanas
- Rum
- 1-1/4 cawan krim pekat.

ARAHAN:
a) Panaskan mentega dalam kuali dan masukkan nenas.
b) Tambah rum. Teruskan memasak. Apabila berbuih, angkat dan sejukkan.
c) Pukul krim dan kemudian masukkan campuran nanas.
d) Tuangkan ke dalam 4 cawan pencuci mulut dan hidangkan.

95. Mango Mousse

BAHAN-BAHAN:
- 3 paun mangga masak, dikupas dengan daging yang dipotong biji, untuk memberikan 4 - 5 cawan mangga yang dipotong dadu
- 1-1/2 cawan krim putar
- 2 biji putih telur
- 1 - 2 sudu besar. jus limau
- 1/2 - 1 cawan gula
- 2 bungkus gelatin
- 1/2 cawan air panas

ARAHAN:

a) Haluskan mangga dalam pengisar atau pemproses makanan - tapis selepas itu jika masih bertali

b) Tuangkan krim ke dalam mangkuk adunan kecil dan masukkan ke dalam peti sejuk selama 10 minit Pukul putih telur sehingga kaku

c) Pukul krim sehingga ia memuncak dan masukkan ke dalam peti sejuk

d) Lembutkan agar-agar dalam sedikit air sejuk, kemudian larutkan agar-agar dan gula dalam 1/2 cawan air panas Masukkan ke dalam puree mangga dalam mangkuk adunan bersama jus limau nipis dan gula secukup rasa. Jumlah gula dan limau nipis bergantung pada kemanisan mangga dan citarasa peribadi

e) Lipat putih telur, krim dan mangga sehingga sebati Tuang ke dalam hidangan hidangan dan letakkan di dalam peti sejuk selama 6 jam

96.Aiskrim Soursop Mentah

BAHAN-BAHAN:
- 2 cawan gajus mentah, direndam semalaman
- 2 cawan pulpa soursop
- 1 cawan air yang ditapis, mengikut keperluan
- 1/2 cawan madu
- 1/4 cawan mentega kelapa atau minyak kelapa ditekan expeller
- 2 sudu besar ekstrak vanila
- 1/2 sudu teh garam laut

ARAHAN:
a) Kisar semua bahan sehingga berkrim dan licin.
b) Tambah air mengikut keperluan untuk memastikan adunan beredar melalui pengisar.
c) Bekukan, kacau sekali-sekala sehingga ditetapkan, atau ikut arahan pembuat aiskrim anda.

97.Kek rum Jamaica

Membuat: 24 Hidangan

BAHAN-BAHAN:
- 1 paun   Mentega atau marjerin; dilembutkan
- 1 paun   gula perang gelap
- 1 Dozen telur
- 1 paun   Tepung
- 2 sudu teh ekstrak vanila
- 2 sudu teh serbuk penaik
- 2 sudu teh Baking soda
- 2 sudu teh gula hangus (terdapat di pasaran Caribbean)
- Kayu manis dan buah pala secukup rasa
- Rum

CAMPURAN BUAH:
- 1 paun   Prun
- 1 paun   Kismis
- 1 paun   Kismis
- 1 paun   ceri

ARAHAN:

a) Dalam mangkuk besar, krim mentega dan gula bersama sehingga kuning pucat.

b) Tambah 2 telur pada satu masa, gaul rata selepas setiap penambahan. Masukkan vanila dan gula hangus. Dalam mangkuk sederhana, ayak bersama semua bahan kering.

c) Masukkan perlahan-lahan ke dalam mangkuk besar, gaul rata. Adunan akan menjadi sangat berat. Masukkan lebih kurang 2 cawan adunan buah (lebih kurang ikut citarasa). Gaul sebati. Tuang ke dalam loyang kek yang telah digris dan ditabur tepung.

d) Bakar pada suhu 350 darjah selama kira-kira 1 jam atau sehingga pisau yang dimasukkan di tengah keluar bersih.

e) Setelah kek sejuk (jangan keluarkan dari loyang), tuang lebih kurang ¼ cawan rum ke atasnya.

f) Tutup rapat dengan aluminium foil. Semak kek setiap 2 hingga 3 hari. Jika ia menjadi "kering" tambahkan lagi rum. Teruskan dengan cara ini selama 1 bulan.

g) Campuran Buah: Potong buah dalam pengisar atau pemproses makanan. Masukkan ke dalam balang yang boleh ditutup rapat. Tutup kandungan dengan rum dan tutup balang.

h) Simpan di tempat yang sejuk dan gelap. Ini perlu dilakukan sekurang-kurangnya 1 bulan sebelum kek.

i) Jika anda tidak menggunakan semua campuran buah-buahan, jangan risau...ia akan disimpan selama bertahun-tahun! Ia juga merupakan topping yang bagus untuk aiskrim vanila!

MINUMAN

98.Ti Punch

BAHAN-BAHAN:
- 1 bahagian sirap tebu
- 2 bahagian rum putih atau lama
- 1 keping kecil limau nipis

ARAHAN:
a) Campurkan cecair, potong kepingan dari tepi kapur, perah dan jatuhkan ke dalam gelas.
b) Hidangkan dengan atau tanpa ais.

99.Minuman Jamaican Sea Moss

BAHAN-BAHAN:
- 1 cawan gajus
- 2 sudu besar gel lumut Ireland
- 1/2 sudu besar lesitin soya
- secubit garam yang banyak
- 2 sudu besar pati badam
- 3 cawan air
- 1/2 cawan agave
- 1/2 sudu besar kayu manis
- 1/2 sudu kecil buah pala

ARAHAN:
a) Gaul rata, tapis, sejukkan dan hidangkan.

100. Sorrel

BAHAN-BAHAN:
- 1 cawan kelopak sorrel kering
- 1 sudu besar bunga cengkih
- sekeping kulit oren kering
- Sirap gula perang (1 cawan air + 1 lb gula perang direbus bersama)
- Rum gelap

ARAHAN:
a) Didihkan 2 liter air.
b) Setelah air mendidih, masukkan sorrel, kulit oren dan bunga cengkih.
c) Rebus selama 30 minit.
d) Tutup rapat dan curam semalaman.
e) Tapis dan masukkan sirap gula dan rum (pilihan) secukup rasa.
f) Sejukkan dan hidangkan.

KESIMPULAN

Semasa bab terakhir "Perjalanan culinari afro-caribbean" dibuka dengan anggun, kami berharap perjalanan kulinari anda telah memperkaya dan berperisa seperti hidangan yang menghiasi halaman ini. Buku masakan ini bukan sekadar panduan; ia adalah jemputan untuk menikmati seni gabungan, untuk menerima perisa yang menceritakan kisah warisan masakan Afro-Caribbean.

Sambil anda menikmati suapan terakhir hidangan lazat ini, ingat bahawa anda bukan sahaja mengalami koleksi resipi; anda telah menjadi sebahagian daripada pengembaraan budaya—perayaan kepelbagaian, daya tahan dan semangat berkekalan komuniti Afro-Caribbean. "Perjalanan culinari afro-caribbean" adalah lebih daripada tajuk; ia adalah bukti pembebasan rasa, gabungan tradisi masakan, dan permaidani meriah iaitu masakan Afro-Caribbean.

Semoga citarasa itu melekat di lelangit anda, dan semoga cerita yang tertanam dalam hidangan ini terus bergema di dapur anda. Sehingga kita bertemu lagi dalam penerokaan masakan anda yang seterusnya, semoga masakan anda diselitkan dengan semangat gabungan, perayaan, dan warisan yang kaya yang terkandung dalam "Perjalanan culinari afro-caribbean" dengan begitu indah. Selamat memasak!

www.ingramcontent.com/pod-product-compliance
Lightning Source LLC
Chambersburg PA
CBHW071328110526
44591CB00010B/1065